最新研究でここまでわかった

# 江戸時代 通説のウソ

日本史の謎検証委員会 編

彩図社

# はじめに

辺鄙《へんぴ》な寒村から百万都市へと発展を遂げ、町人たちは義理と人情を重んじて助け合う。一方で、厳格な身分社会であったために町人は武士に頭が上がらず、無礼があれば斬り殺される恐れもある。江戸の街に対してこのようなイメージを抱く人もいるだろう。

確かに、江戸の将来性を見越した徳川家康によって水道インフラが整備され、江戸市中には多くの井戸がつくられた。しかし、実は上水道が整備されていたのは武士の居住区を中心とした一部地域だけで、大多数の庶民は塩分を含んだ井戸水を常飲するか、水売りから水を購入していた。それに江戸が辺鄙な寒村だったというのも誤りで、実際には家康が開拓する前から東国の港湾拠点として重視されていた。

また、当時の身分制度はそれほど厳格ではなく、町人や豪農が金銭で武士の身分を購入することがままあった。それに下手をすれば処罰される可能性があったため、無礼だからといって武士が町人を斬りつけることは滅多になかった。

本書はこのような、江戸時代の新常識をまとめた一冊だ。これまでの研究で明らかになった歴史の真相を、人物、政治、事件、制度、文化の全五章にわたって紹介してく。

第一章では、初代将軍家康や江戸幕府中興の祖といわれる8代吉宗、水戸黄門でおなじみの徳川光圀など、有名人物の新常識を紹介している。続く第二章では、幕府の行政システムや治安対策など、政治に関する変化を解説。第三章では島原の乱、忠臣蔵、慶安事件といった事件に関する真相を紹介し、第四章では江戸時代の制度、第五章は文化について記している。いずれの項目にも冒頭に「通説」と「真相」を設けたため、これらをざっと読んでいただくだけでも、通説がいかに変化したかに気づいていただけるはずだ。

かつての時代劇では、権威を笠に着る武士と生活に困窮する庶民という二項対立が描かれることもあったが、本書を読んでいただくと、これが誤りであることがわかる。実際には、武士は時代を経ると為政者として農民へ配慮を示すようになっていたし、財力や政治力を背景に幕府の決定さえも覆す豪農もいた。

そんな江戸時代の意外な真相を本書で楽しんでいただけると幸いである。

# 江戸時代　通説のウソ
目次

## 第一章　人物にまつわるウソ

## 第二章　政治にまつわるウソ

## 第三章 事件にまつわるウソ

## 第四章 制度にまつわるウソ

## 第五章　文化にまつわるウソ

正月元旦の江戸城登城を描いた錦絵。将軍に挨拶をするため江戸中の大名が押し寄せて道は大渋滞した（楊洲周延「温故東の花旧正月元旦諸候初登城ノ図」部分／国会図書館所蔵）

# 第一章 人物にまつわるウソ

# 01

# 徳川家康が辛抱強い性格だったというのはウソ

**通説**

江戸幕府の初代将軍・徳川家康の長所といえば、辛抱強い性格である。織田信長や豊臣秀吉の存命中は事実上の配下に甘んじていたが、持ち前の辛抱強さで耐え抜いてチャンスを待ち、ついには天下人の座を勝ちとった。豪奢な暮らしを好んだ信長や秀吉とは対照的に、質素倹約を重んじ、健康管理に気を配って薬の調合にまで精通するなど、その慎重さも注目に値する人物だ。

徳川家康肖像画。右は三方ヶ原の戦いで敗戦したのち家康が自戒のために描かせたという伝承があるが、実際にはどのような経緯で描かれたかわかっていない

**真相**

現在に伝わる家康像は、江戸時代に神格化されたイメージに基づいている。**実際にはあまり辛抱強いとは言えず、短気な一面もあった。**関ヶ原の戦いではなかなか勝利できない自軍にいら立って失策を犯すなど、完璧な采配をふるったわけではなかったのである。

**江戸幕府初代将軍の意外な一面**

関ヶ原の戦いで石田三成を、大坂の陣で豊臣家を倒して天下人となった徳川家康。そんな家康に対して、「忍耐強く狡猾な戦略で豊臣家から政権を奪った古狸《ふるだぬき》」をイメージする人は少なくないだろう。確かに、関ヶ原の戦いでは西軍を工作して小早川秀秋らを寝返らせることに成功するなど、慎重な性格だったように見える。

しかし、そうした人物像は、家康の神格化が進んだ江戸時代以降に広まったものだ。同時代の史料に目を向けると、**忍耐強いというイメージとは逆に気が短く、思い通りに事が進まず家臣に八つ当たりする姿が、浮かび上がってくる**のである。

若い頃に武田信玄の挑発に乗って三方ヶ原で大敗した、というエピソードは有名だが、晩年に起きた関ヶ原の戦いにおいても、気の短さを窺わせるエピソードが残っている。

関ヶ原の戦いの最中、伝令兵が家康の乗る馬に誤って接触すると、家康は怒ってこの伝令兵に斬りかかった。伝令兵は謝罪して任務に戻ったが、怒り狂った家康は刀を振り回し続けていたという。また、家康側に寝返る予定だった小早川秀秋が動かないことに苛立ち、家臣が諫めるまで爪を噛み続けたと記す史料もある。その後も芳しくない状況に家康はいら立ちを隠せず、ついには苦戦する味方への憤りで、本来は後方に控えさせるべき本隊を前線へ進ませる失態まで犯している。

戦場以外に目を転じても、似たような話は残っている。薬の研究に熱心なあまり医者の忠告を無視していたし（自身に忠告した医者を追放処分にさえしている）、着物の新調を勧めただけの女中を叱り飛ばすなど、**質素倹約というよりはかなりのケチな性格**だった。

では、なぜ家康は短所が隠され、「完璧な名君」として語られるようになったのか。答えを握っているのは、3代家光である。17世紀半ば頃まで、世は戦国の気風を色濃く残しており、東北の伊達や加賀の前田など、徳川の天下を脅かす勢力は少なくなかった。そこで家康は、大坂の陣で豊臣家を滅ぼすと、徳川家の権力を強化すると同時に、自らを神格化して人心掌握を図ることを計画し

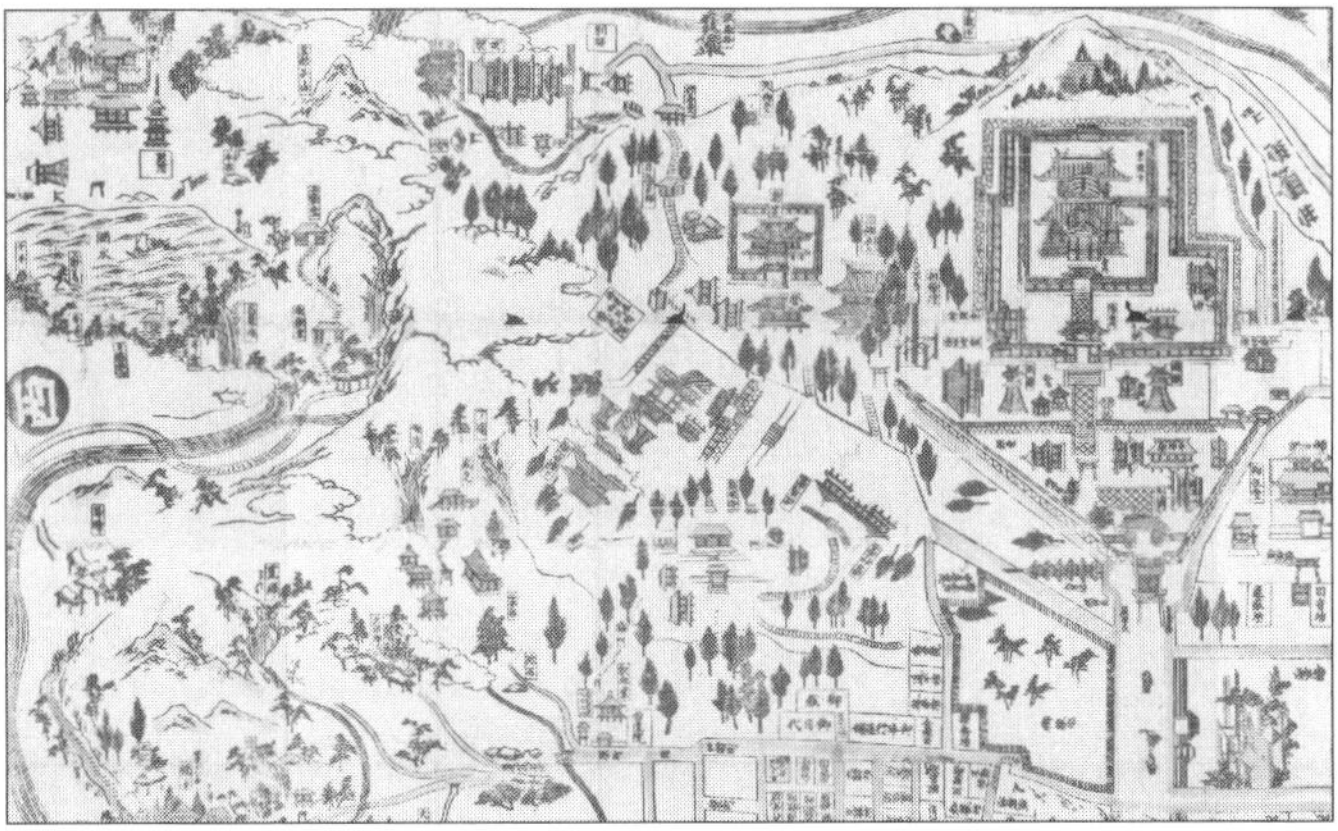

日光を描いた絵図。神君家康を祀る霊廟として、きらびやかな本堂をはじめ、多くの堂舎が建てられた（「日光御山之絵図」部分／国会図書館所蔵）

た。元和《げんな》2年（1616）に死去すると、関八州《かんはっしゅう》の守護神にせよ、という遺言に従い、「東照大権現《とうしょうだいごんげん》」として祀られた。翌年には2代秀忠によって、家康を祭神とする日光東照宮が造営されている。

そしてこれを後押ししたのが、**家光による東照宮の増築**である。注目すべきは、**家康が関八州から日本全土の神へと位置付けられた**ことにある。日本の神となった東照宮を、家光は諸大名に対して自国領に造立するよう勧めてまわった。その甲斐もあり、全国に500を超える東照宮が建立されることになったのだ。

さらに、庶民層への統制も徹底された。出版・言論の自由を許さなかった江戸幕府は、家康を批判する出版物を次々に規制。内容が事実であっても、将軍家の威厳を傷つけるとして、幕府は厳罰をもって対処した。

こうした幕府の神格化政策と出版統制によって、「神君家康公」のイメージは根付いていったのである。

# 02

# 徳川光圀が庶民の味方だったというのはウソ

**通説**

水戸藩2代藩主を務めた徳川光圀《みつくに》は、歴史書編纂のために諸国を駆け回る、活動的な人物だった。19歳で歴史書『大日本史』の編纂を始めたことを皮切りに、各種文化事業に大きく貢献。農民を気遣う性格で、その功績から名君として評判が高い。

水戸藩藩主・水戸光圀の肖像。水戸市の千波公園などに銅像も建てられている

## 真相

『大日本史』編纂にあたって全国を飛び回って資料を収集したのは家臣や学者たちであり、光圀自身は日光、鎌倉、金沢八景、房総など、関東地方しか訪れたことがなかった。それに史料から浮かび上がる実像は、悪代官を懲らしめる正義の味方ではなく、農民に多額の税負担を担わせて一揆や逃散を多発させるという、厳しい君主の姿である。

### 辻斬りが趣味だった気ままな性格

苦しむ庶民を救うため、悪代官らを懲らしめる黄門様御一行。時代劇「水戸黄門」でお馴染みの光景だ。物語の主人公は、実在した水戸藩2代藩主・徳川光圀。ドラマでは諸国を歩き回って悪を成敗する正義の味方だが、周知のとおり、このイメージはあくまでフィクション。

実際の光圀は、関東地方の外に出たことがなかった。それにその人物像も、ドラマのイメージとはかけ離れていた。

光圀は元々、自分が藩主になるとは思っていなかった。水戸藩藩主の血は引いていたものの、側室の子であったことから本流とはみなされず、嫉妬深い本妻に隠すように育てられたという。世継ぎになるはずの兄が病気により候補から外れたことで光圀に白羽の矢が立ったが、光圀はこれに深く悩んだ。そしてやり場のない苛立ちを世間に向け、悪行を重ねていく。

そのひとつが**辻斬り**だ。新しい刀を手に入れると、光圀はその切れ味を確かめるため通行人を斬殺。悪びれるどころか、刀の良さを自慢したという。一説では、辻斬りで殺した人数は50人以上とも言われている。この辻斬りの話は光圀に仕えた医師の記録にあるため、荒唐無稽な話だったとは考えにくい。

また、**遊郭好き**でもあり、10代の頃から吉原の遊郭に通いつめた。個人の趣味で済むレベルなら問題はないが、光圀は藩主になっても水戸藩の財を浪費して遊びを続けている。

そんな光圀に転機が訪れたのは、18歳のときである。中国の歴史書『史記』に出会うと改心し、学問や文化事業を奨励。19歳で歴史書『大日本史』の編纂を開始する。『大日本史』は天皇を敬う価値観を中核としており、幕末の勤王志士にも大きく影響を与えた。

ただ、この事業には、家臣や儒学者を全国に派遣し、膨大な史料を整理・編集する人員や施設を

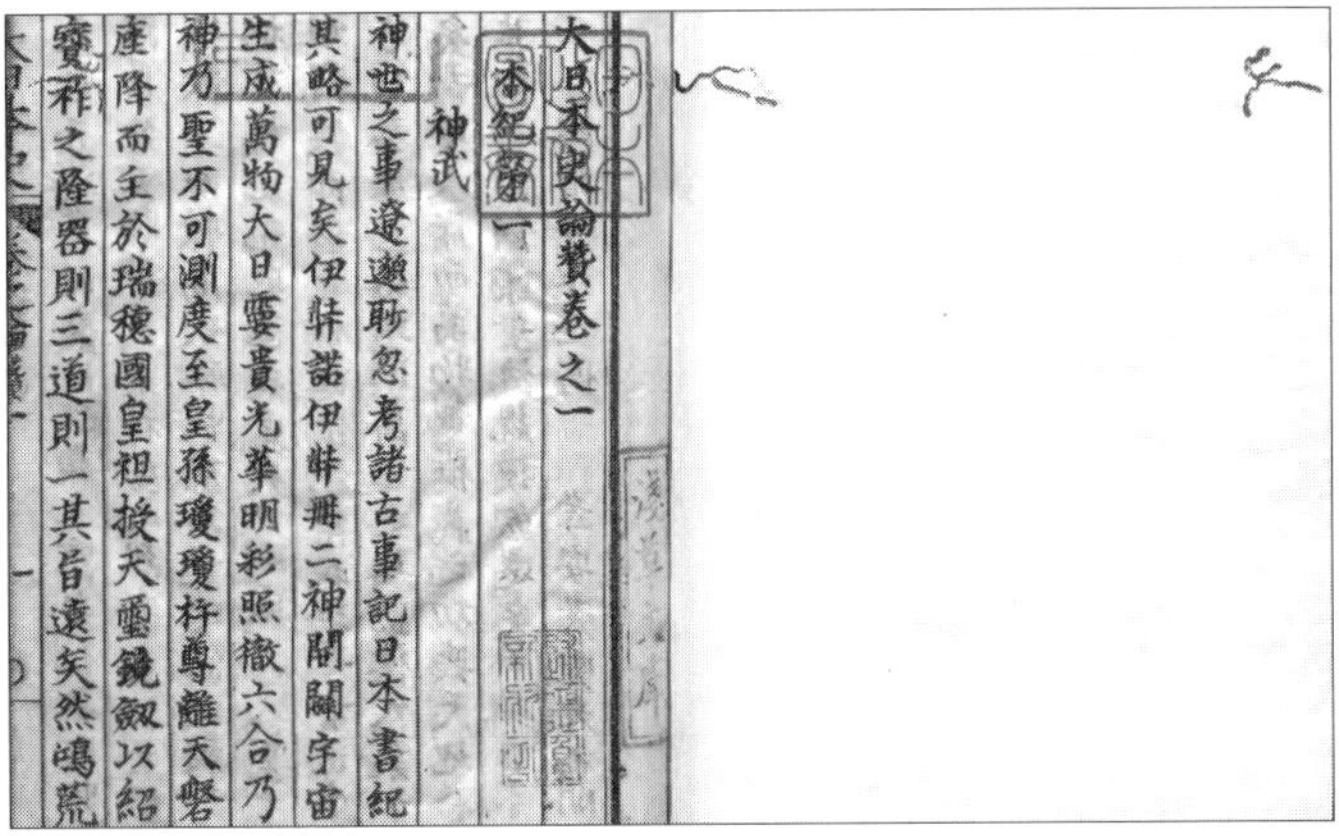
大日本史論賛巻之一
本紀第一
神武
神世之事遼邈恍忽考諸古事記日本書紀
其略可見矣伊弉諾伊弉冊二神開闢宇宙
生成萬物大日孁貴光華明彩照徹六合乃
神乃聖不可測度至皇孫瓊瓊杵尊離天磐
座降而王於瑞穂國皇祖授天璽鏡劔以紹
寶祚之隆器則三道則一其旨遠矣然嗚荒

光圀が編纂を命じた『大日本史』の写し（国立公文書館所蔵）

必要とした。そのため光圀は、**すでに傾きかけていた水戸藩の財政を、この書物作りに3分の1近くも投入した**のである。

当然の如く、水戸藩は転がるように赤字が進んでいった。そして、それを埋める対策として、**農民への大増税と藩士の給料削減を実行**。初代頼房《よりふさ》の時代から六公四民いう高率だったにもかかわらず、年貢率を八公二民にまで引き上げたというから、とんでもない話である。結果、水戸藩内では頻繁に百姓一揆が起き、百姓の逃散が相次いだ。

それでも『大日本史』の編纂を始めたという功績は、影響を受けた志士たちによっては非常に大きかったらしい。編纂作業は明治時代まで引き継がれてようやく完成するが、同時に発案者である光圀は「名君」と語り継がれることになった。こうして、戦国の荒々しい気風を残した人物は、大文化事業の功労者として記録されるようになったのである。

# 03

# 徳川家光が農民向けに慶安の御触書を出したというのはウソ

**通説**

慶安《けいあん》の御触書《おふれがき》は、3代家光が慶安年間に発布した農民向けの「御触れ」、つまりは法令である。農民は質素倹約と勤労を奨励され、さらには服装や食事まで指定されるなど、生活を厳しく統制された。農民の生活がいかに厳しかったかを表す史料として価値が高く、高校の日本史教科書では、必ずといっていいほど紹介されている。

**◎慶安の御触書一例**

・粟や稗などの雑穀などを食べ、米を多く食べ過ぎないこと。
・酒や茶を買って飲まないこと。
・麻と木綿以外は着用禁止。帯や裏地にも使ってはならない。
・早起きをし、朝は草を刈り、昼は田畑を耕作し、夜は縄をつくり、俵を編むなど、それぞれの仕事を油断なく行うこと。
・煙草を吸わないこと。煙草は食物にならず、いずれ病気になるものである。その上時間もかかり、金もかかり、火の用心も必要になるなど悪いものだ。全てにおいて損になるものだ。

**真相**

この法令を家光が発案したという証拠はない。そもそも原本が発見されておらず、法令が家光の時代に実在したかさえ怪しい。むしろ、**実際には幕末に諸藩で発布された地方条例である可能性が高いとわかったため、教科書では扱われなくなっている。**

**幕末期の法令だった御触書**

歴史教科書は、新解釈や新史料が発表されることで、内容が大きく変わることがある。江戸時代初期に発布されたと考えられてきた「慶安の御触書」も、そんな解釈が大きく変わった史料である。

かつての教科書では、御触書は徳川家光が統治していた慶安年間（1648〜1652）に幕府の出した法令だと記していた。法令は全32条で、農村部の生活を統制する内容である。

まず第1条では、朝は草刈、昼は田畑の世話、夜も縄や俵を作るなど、農民に労働を促して一日中働くことを奨励した。ほかには、服装は質素な麻と木綿以外を禁じ、米は食べる量を減らして年貢に回す、タバコや酒などの贅沢品は基本的に禁止で、よく働かない妻とは離婚するよう命じるなど、現在では考えられないほど農民の生活を規制していた。

ただ、この御触書には不自然な点がある。まず、冒頭で触れたとおり法令の原本が発見されていない。幕府が直々に下した法とあらば、原本や成立までの推移を記した書物が残されていてしかるべきだが、いずれも見つかっていない。

また、幕府が農民に直接発布したという形式も、当時としてはありえない。農村の代官や名主などの有力者を通じて伝えるのが普通で、いかに幕府の黎明期だったとしても考えられない方法だ。

そして近年、御触書に関する驚くべき新説が発表された。慶安の御触書は家光の時代に発布されたのではなく、**幕末期に美濃国（岐阜県）などの地方藩で発布された藩内法**であるという説だ。しかもその藩内法は、17世紀後半に甲斐国（山梨県）で流布した「百姓身持之事」を参考にしているという。

幕末期は、相次ぐ天災・人災で農民の不満が高まっていた時期である。日に日に乱れる農村を律するため、美濃国の岩村藩は甲斐信濃で実施された政策を参考にした統制令を発布した。これを諸

慶安の御触書は３代家光（左）の時代ではなく、17 世紀後半、岩村藩が林述斎らの助言を得て制定した（右／『日本肖像大観』国会図書館所蔵）

藩が真似したことで、全国に広まったのである。

ではなぜ地方法令が幕府の法だとみなされてきたのか。理由は単純で、**岩村藩が慶安年間の法と偽って発布した**からだ。藩主の発案として発表するより、かつての幕法を再発布する形式をとった方が、農民に効果があると岩村藩は考えたのだろう。岩村藩は形式より、農民統制の実をとることを選んだのである。

法令の信用度を上げるため、岩村藩は幕政経験のある儒学者・林述斎《はやしじゅっさい》の協力を得て、甲府徳川家が支配した甲斐の旧法を参考にした。慶安年間としたのは、この時期が幕府の黎明期だったため、嘘だと気づかれにくいと思ったのかもしれない。

ところが、嘘だと気づかれないどころか、法令は幕府法として広く認識されていく。林述斎もこの法を広めたかったのか、『徳川実紀』に慶安の法律として掲載。結果、幕末の地方法は幕府の御触書として伝わったのである。

# 04

# 徳川吉宗が庶民の暮らしを改善したというのはウソ

**通説**

徳川15代将軍のうち、8代吉宗は名君として名高い。吉宗は将軍に就任すると数多くの政治改革を実行し、幕府の財政改善に成功。その手腕は江戸市中の町民からも絶賛された。こうした数々の功績から、吉宗は「江戸幕府中興の祖」とも呼ばれている。

8代吉宗（左）と7代尾張藩主徳川宗春（右）。吉宗が緊縮財政策で幕府財政の安定化を図ったのに対し、宗春は財政緩和で町人の消費を促そうとした

**真相**

吉宗の改革によって幕府財政は持ち直したが、**質素倹約を強制された町民からは評判が悪く、農民は税制改革によって困窮した。**そんな吉宗の政策に対し、尾張藩主の徳川宗春《むねはる》のように反発する大名もいた。

## 経済政策は失敗だった吉宗の改革

紀州藩主だった徳川吉宗は、将軍に就任すると数々の改革に着手した。南町奉行・大岡忠相《おおおかただすけ》を片腕とし、庶民の直訴を可能にする「目安箱」の設置、困窮者や病人の救済を目的とした「小石川養生所」設立、町民による消防組織「町火消《まちびけし》」創設、幕政の基本法典となる「公事方御定書《くじかたおさだめがき》」制定など、その改革は多岐にわたった。また、質素倹約と増税を柱とした緊縮財政政策を推し進め、幕府財政の黒字化に成功。これらがいわゆる「享保の改革」だ。これによって幕府の懐は潤ったため、吉宗は幕府中興の祖として高く評価されてきた。だが、吉宗に対する庶民の評価は低かった。原因はその大胆な経済政策にあった。

吉宗は財政立て直しの一環として大坂堂島に米市場を開き、米価を調整して収入の安定化を図ろうとした。しかし、武士に有利になるよう米価を高くしたため、庶民が苦しむことになった。加えて遊郭や芝居を禁止して倹約を強制し、出版物を規制したことも、町民の不満をかきたてた。

また、吉宗が年貢の算出方法を変えたことにより、農民の生活にも悪影響が及んだ。吉宗は、米の収穫高に応じて年貢を集める「検見法《けみほう》」から、一定の割合を定めて年貢を集める「定免法《じょうめんほう》」へと変更。すなわち、農民はどんなに凶作であっても規定量の年貢を納めなければならなくなった。幕府は農民を使役し、**できるだけ多くの年貢を納めさせようとした**わけだ。

そんな吉宗の政策に真っ向から対立したのが、**7代尾張藩主徳川宗春**である。元々、尾張藩と将軍家には確執があった。吉宗は享保元年（1716）に将軍となるが、このとき尾張家の継友《つぐとも》も将軍候補として名が挙がっており、血筋上は継友優位だと考えられていた。しかし、6代家宣《いえのぶ》の正室の後押しで吉宗が将軍になると、尾張家の一部は将軍家に反発。特に継友の弟の松平通温は将軍家に恨みを募らせ、酒におぼれるようになっていた。吉宗の政策に反発した宗春も、この継友の弟である。

ただ、宗春が吉宗に反発したのは、政策上の理由からだった。**宗春は消費を促して経済を刺激する規制緩和策をとるべきだと考えていた**。そのため、宗春自身が派手な装いで城下に繰り出し、芝

吉宗が開いた大坂の堂島米市場（「浪花名所図会　堂じま米あきない」国会図書館所蔵）

居見物をし、外食を繰り返して金を落とした。参勤交代で江戸にいたときにも吉原遊郭に通い、太夫を身請けしてしまうほどの遊びよう。吉宗は激怒して宗春を詰問したが、宗春は悪びれた様子も見せなかったという。

ただ、経済を刺激しても、町人は税の負担がほとんどなかったため、町が活性化しても藩や幕府の税収が増えることはなかった。

一方、**散財で尾張藩の財政は破綻寸前まで追い込まれ、宗春は失脚**。元文《げんぶん》4年（1739）に幕府から隠居・蟄居謹慎を命じられ、明和元年（1764）に没するまで名古屋城三の丸から外出することを禁じられた。

なお、両者は犬猿の仲だったようにも見えるが、意外なことに吉宗は蟄居している宗春を気遣い、「不足はないか」「不自由はないか」と慮《おもんぱか》る書状を送っている。実のところ、財政再建に奔走した吉宗は、遊興三昧だった宗春のことが羨ましかったのかもしれない。

# 05

# 大岡忠相が名奉行だったというのはウソ

**通説**

大岡越前守忠相《おおおかえちぜんのかみただすけ》は、江戸時代を代表する名町奉行である。時代劇のように直接悪人を成敗することはなかったが、知恵を駆使した名裁きで事件を次々に解決。奉行としての活躍を評価され、8代吉宗から厚く信頼されていた。「白子屋《しらこや》お熊」や「三方一両損《さんぽういちりょうぞん》」などでの活躍は後世にも語り継がれ、時代劇のテーマとなることも少なくない。

大岡政談のひとつ天一坊事件の一幕。８代吉宗の落胤と称した天一坊を大岡が見事に裁いたと伝わるが、実際には大岡は関与していない（『天一坊大岡政談』国会図書館所蔵）

### 真相

大岡の手柄とされる裁きの大半は、**中国の故事やほかの裁判話から作られた創作**である。吉宗の信頼が厚かったのは政治家として改革を下支えしたからで、裁判官としての仕事が影響しているかはわかっていない。

## 名奉行大岡越前、真実の功績

歴史上の偉人は、創作の主人公によく選ばれる。江戸時代においても、実在の人物や合戦を壇上で語る講談や武将たちの活躍を描いた軍記物など、歴史上の偉人を主人公にした創作物が人気を集めていた。

だが、そうしたフィクションのイメージが広まりすぎたがあまりに、作中の演出が史実であると信じられることもままある。その代表格が大岡越前だ。

大岡越前の本名は忠相といい、徳川吉宗の治世で活躍した江戸町奉行である。江戸町奉行とは現在でいう江戸内の警察、消防、裁判、交通整備などを統括する役職で、裁判官として被疑者を裁くこともあった。

この裁きの場にて、大岡は幾度も名裁きを見せたとされてきた。ユーモアに富んだ名裁きから庶民の共感を集め、名奉行として慕われた。そんなイメージが根強い。だが、実は大岡が事件を解決したことはほとんどなく、大半は中国の故事や他の奉行の裁きから創り出されたものなのだ。

大岡が庶民に慕われていたのは事実だが、理由は政治家として優れていたからである。享保2年（１７１７）に江戸町奉行に就任すると、大岡は消防制度の整備に勤しみ、1万４０００人規模の町火消しを設置。徳川吉宗の改革案に従い養生所の設置をしつつ、治水工事にも協力した。これらの功績が吉宗に評価され、数年在任すれば長い方だった町奉行を、大岡は19年も任されている。

大岡が名奉行として広まったのは、**講釈師の影響**だ。**町奉行退任後に大岡を主人公にした講談が大流行し、それが事実として広まった**のだ。特に、江戸中期の講釈師・森川馬谷《ばこく》と、幕末期に名裁きの逸話を詰め合わせた講談「大岡政談」の流行は大きく影響したようだ。

同じように、創作物のイメージが定着した人物は少なくない。「遠山の金さん」こと遠山金四郎《とおやまきんしろう》景元《かげもと》は桜吹雪の入れ墨をしていなかったともいうし、火付盗賊改《ひつけとうぞくあらため》の長谷川平蔵は「鬼平《おにへい》」とは呼ばれていなかった。そうした人物像の多くは、小説などによる創作である。

ただ、**鬼と呼ばれた役人**がいなかったわけでもない。その鬼というのが、**中山勘解由直守《なかやまかげゆなおもり》**である。

江戸時代の刑罰のひとつ海老責め。鬼と恐れられた中山直守が生み出したとされる（『徳川刑事図譜』明治大学博物館所蔵）

1686年に不良武士の集団である六方組を壊滅させたことで有名だ。ただ、時代劇のような八面六臂《はちめんろっぴ》の活躍だけが、中山が鬼と呼ばれた所以ではない。「**海老《えび》責《ぜ》め**」という拷問を生み出したことも、呼び名に大きく影響している。

海老責めとは、容疑者に胡座《あぐら》をかかせて両腕を後ろ手に縛り、そのまま両足を重ねて縛ってから、さらに縄を肩や腕にかけて引き絞る拷問である。そうすることで体が強制的にかがめられ、最後は顎と膝が密着した海老のような状態となる。この状態で放置するのである。

海老責めは、半日放置されただけでも極度の血流悪化で死に至る危険があった。そんな厳しい拷問を、幕府は他の拷問に耐え抜いた屈強な罪人への手段として採用した。その苦痛はどんなに屈強な男でも泣き叫ぶほどだったという。時代劇の鬼平と比べ、実在した鬼はあまりにも怖ろしい人物だったのだ。

# 06

# 田沼意次が強欲で世間を顧みない政治家だったというのはウソ

**通説**

10代家治に仕えた田沼意次《たぬまおきつぐ》は、金権政治によって幕政を混乱させた、悪名高い人物である。9代家重の側近から大出世を遂げた田沼は、家治の時代になると幕政の中心に就き、商人や手工業者の同業者組合である株仲間と癒着して多額の賄賂を贈らせた。その結果、汚職が蔓延して幕政は混乱。さらには格差が拡大して百姓一揆や打ちこわしも多発した。これには当時から非難の声が上がっており、家治が死ぬとすぐさま失脚。領地を没収されるなど、厳しい処分が下されることになった。

田沼意次（左）は9代家重（右）の小姓に抜擢されると出世を重ね、大名にまで昇進した

**真相**

当時、権力者への賄賂は珍しくはなく、田沼だけが特別に強欲だったわけではない。むしろ、**商人保護をはじめとした田沼の経済改革によって、江戸や大坂の商業は大きく発展**。町人文化は活発化し、幕府の財政は潤った。打ちこわしなどによって社会が混乱したのは天災の影響が大きく、田沼の政策に主因があったわけではなかった。

**汚職政治家のレッテルを貼られる**

世の中には、立場を悪用して不正を働く者が、いつの時代にもいるものだ。江戸時代中期の政治家・田沼意次もまた、そうした政治家だと思われてきた。商人から賄賂を受け取るなど、権力を私物化して幕政を混乱させたとして、その評価はずっと低かった。

田沼の生まれは、600石ほどの旗本の家である。本来であれば、幕政の中心に就ける身分ではないが、青年時代に9代家重の小姓になると、その後ろ盾を得て次第に政治の世界で発言力を増していく。加増に次ぐ加増により、40歳のときには1万石を有する大名にまで出世。50代の頃には10代家治のもと、幕政で中心的な役割を果たしていた。

確かに、田沼が大商人や組織から賄賂を受け取ったのは事実である。しかし、現在では田沼を評価する研究者が増えている。夢半ばで敗れた先進的な改革者として、評価されているのである。

江戸幕府は伝統的に農業政策、具体的には米の安定確保を目指す政策に力を入れてきた。だが、1750年代には新田開発も頭打ちになり、米価の下落で財政は火の車となっていた。この財政難を解決するべく田沼が打ち出したのが、**商業振興策**である。**商人の活動を振興して、そこから税金を取ろうとした**のだ。

当時の武士は商業活動を卑しいものだと考えていたため異例の案だったが、将軍の信任を得ていた田沼は、宝暦10年（1760）より財政改革を実行。市場の独占を許す「株札」の発行で商人や株仲間の活動を活発化させ、その利益のなかから税を徴収した。次に清国方面の海産物需要に目をつけ、ホシアワビなどの特産品の輸出量を増やして貿易額の黒字化に成功。さらには地域ごとに異なっていた貨幣を統一することで、流通の円滑化を図った。このほかにも鉱山開発や蝦夷地《えぞち》（北海道）開拓を促進したことで、経済力はこれまでにないほど向上。**幕府の財政はV字回復**した。しかも、増加した富裕層が歌舞伎や俳諧などに財を落とし、町人文化発展にも影響を与えた。

反田沼派の松平定信（左）。10代家治（右）死去後、田沼に代わって老中の座に就いた

まさに「田沼バブル」ともいうべき好景気だったが、経済の急激な発展は利益を最優先に考える風潮を生むことになり、大商人と癒着する役人や幕臣を増やしてしまった。田沼にも多額の賄賂が渡され、京人形と称して若い娘を送る商人もいたという。賄賂は田沼の時代以前から横行していたが、田沼に反発する勢力からすれば、格好の攻撃材料である。白河藩主・松平定信《まつだいらさだのぶ》を中心に、権力を集中させる田沼に反発する勢力を勢いづかせることになった。

その後、田沼は浅間山噴火に対する対応の失敗と、息子の暗殺によって勢いを失った。そして家治が死去したことで、老中を辞任することになった。

田沼の経済政策は、後任の定信によって全て廃止された。そして、従来と同じ倹約と農業推進を旨とする「寛政の改革」が実施されることになる。つまり、**田沼は政争に敗れて失脚することになった**のである。

# 07

# 宮本武蔵は全勝無敗の剣豪だったというのはウソ

**通説**

宮本武蔵は、言わずと知れた江戸時代の大剣豪だ。二天一流《にてんいちりゅう》剣術による二刀流を駆使して幾多の強豪と戦い、その戦績は60戦無敗。佐々木小次郎や吉岡一派などの強敵を制すなど、江戸時代最強の剣豪としてその名をとどめている。

剣豪宮本武蔵（左）。小倉碑文（右）は武蔵の養子伊織が建てた顕彰碑で、武蔵の事蹟を伝える数少ない史料のひとつ

真相

**武蔵が60戦を戦ったというのは自己申告**で、確実に戦ったとわかる戦いは、数試合しかない。それすらも、敗北や引き分けに終わったことが少なくなかった。

**武蔵は無双無敗の剣豪だったのか**

無敵無敗の大剣豪として輝かしい戦績を築いてきた宮本武蔵。天正10年（1582）頃に新免無二斎《しんめんむにさい》の息子として生まれ、初勝利はなんと13歳。それからは実戦を通じて力をつけ、剣豪たちと60回も戦い、一度も負けることはなかった。その名声は、佐々木小次郎との決闘を経て確固たるものとなった。

まさに常勝無敗の戦績だが、注意すべきは全て武蔵の自己申告であることだ。戦いの記録は『五輪書《ごりんのしょ》』にあるが、これは武蔵が記した兵法・思想書であり、客観的に武蔵の戦いを記録した史料ではない。そのため、武蔵が本当に60戦も戦ったかは不明だ。

また、戦いにまつわる逸話も、真実か疑わしいものが多い。たとえば、若き日の武蔵は武名を上げようと、**吉岡一派**と3度にわたる決闘を繰り広げた。吉岡一派は、京都一の兵法集団と呼ばれた強敵である。そんな相手を前にしても、武蔵は強かった。一度目の戦いでは吉岡清十郎に一撃で勝利し、二度目の戦いでは弟の伝七郎に勝利。三度目は、門弟数百人をひとりで撃退したという。しかし、**実際のところは武蔵の勝ちではなく、敗北か引き分けに終わった**と考えられている。

吉岡側の詳細をまとめた『吉岡伝』では、激闘の末に武蔵が眉間を打たれて敗北したと記されているし、伝七郎との決闘では、武蔵は試合をボイコットしたと同書は伝えている。身内びいきの可能性もあるが、この記録よりも前に、武蔵と清十郎は決着がつかず引き分けに終わったと記す史料(江戸中期の兵法家・日夏繁高《ひなつしげたか》がまとめた『武芸小伝』)もあるため、あながち誤りではないかもしれない。

この吉岡以外にも、武蔵が敗北したと伝わる武芸家はいる。それが、神道《しんとう》夢《む》想流《そうりゅう》杖術《じょうじゅつ》の開祖・夢想権之助だ。同派の伝承によれば、権之助は一度、武蔵と戦って二天一流の前に敗れたという。しかし、敗北を恥じた権之助は筑前宝満山に籠り、厳しい修行の果てに新しい武術を編み出した。刀、槍術、薙刀術を組み合わせた神道夢想流杖術だ。これを会得した権之助は武蔵に再戦を挑み、二天一流を破って前回の雪辱を果たしたとされる。ただ、あくまで口伝や兵法・講談書によるため、

巌流島の戦いを描いた錦絵（歌川国芳「岸柳島報讐図」部分）

真相は不明である。それでも、当時は著名な剣豪でも修行時代に敗北することは珍しくはなかった。武蔵も人知れず負けた可能性はあるだろう。

さらに武蔵が勝利した巌流島の戦いにしても、経緯や勝ち方については諸説ある。広く知られているのは、遅刻した武蔵が小次郎の頭を木刀で殴り倒したという筋書だが、実は遅刻はしておらず、小次郎が後から来たと記す史料もある。また小次郎の倒し方に関しても、「脇腹への一撃」「武蔵の弟子によるリンチ」など一貫性がない。小次郎が60歳から70歳の老人だったという説もあり、戦いには不明点がかなり多い。

そもそも、**武蔵に関する史料は、多くが死後に書かれたもの**だ。信頼性が高い史料は少なく、情報量も少ない。そのため、そこまで強くなかったのではないかと言われることもあった。その実態は、残念ながら謎に包まれたままなのだ。

# 08

# 山田長政がタイで王になったというのはウソ

**通説**

江戸時代初期にシャム国（タイ）の王となった侍、それが山田長政だ。長政は慶長15年（1610）にシャムへと渡ると貿易商として活動し、日本人傭兵部隊の一員として転戦。その活躍を認めたアユタヤ王朝の国王は、長政を王女と結婚させると支配国リゴールの国王とした。外国人がここまで出世することは、シャムでも前代未聞であった。

タイで王になったという伝説のある山田長政（『肖像』国会図書館所蔵）

## 真相

長政が王になったと記す史料はシャム側に存在せず、その人物像には謎が多い。しかし、**昭和初期に日本軍が南方進出を加速させると、シャムへ渡った長政は、この地で活躍した日本人として神聖視されるようになっていく**。そうした軍部の思惑もあって、長政に対する英雄像が上積みされていったのである。

### 軍部に利用された長政

山田長政は、シャムで国王にまで上り詰めたと伝わる、伝説の侍だ。江戸幕府といえば鎖国政策が有名だが、長政が活動した江戸時代初頭は海外との貿易が盛んで、多数の日本人がアジア各地に進出していた。長政も貿易業に便乗してシャムへと渡ったひとりだ。

渡航した長政の活躍は目覚ましい。アユタヤの日本人町で貿易業に係わる一方、日本人傭兵部隊の一員となって各地を転戦。その勇猛ぶりからアユタヤ王朝のソンタム王に一目置かれ、最高位の官位である「オークヤー」と「セーナービムック」の名を授与された。シャムで外国人が登用され、有能な者が官位を授与されるのは珍しくなかったが、これほどの高位に置かれたのは長政が初めてだという。さらには王女との結婚を許され、リゴールの長官に任ぜられた。就任式では王から王冠を与えられ、事実上のリゴール王として扱われたのだった。王族の権力争いに巻き込まれて寛永7年（1630）に毒殺されてしまったが、その功績は時代を越えて語り継がれ、戦前の日本では広く知られていた。

しかし、長政がシャムの王だったといわれても、ピンとこない人の方が多いだろう。それもそのはず、現在では長政の出世は疑問視され、歴史の教科書でも深く触れられなくなっているのだ。

長政が王となったという話は複数の史料で確認できるが、その全てが日本側の書物である。**タイ側の史料からは、長政に関する記述が見つかっていない**。そのためタイ本国では、近代になるまでその存在がほとんど知られていなかった。

また、日本側に史料があるといっても、脚色が多いものや伝説、噂をまとめたものばかりで、いずれも信頼性は低い。そのため日本でも、**明治・大正時代には伝説上の人物だと考える研究者は多かった**。ただ、シャムに渡航したオランダ商館長の記録において、長政と同じ官位を与えられた日本人について言及されているため、空想上の人物ではないと考えられる。少なくとも、シャム王室

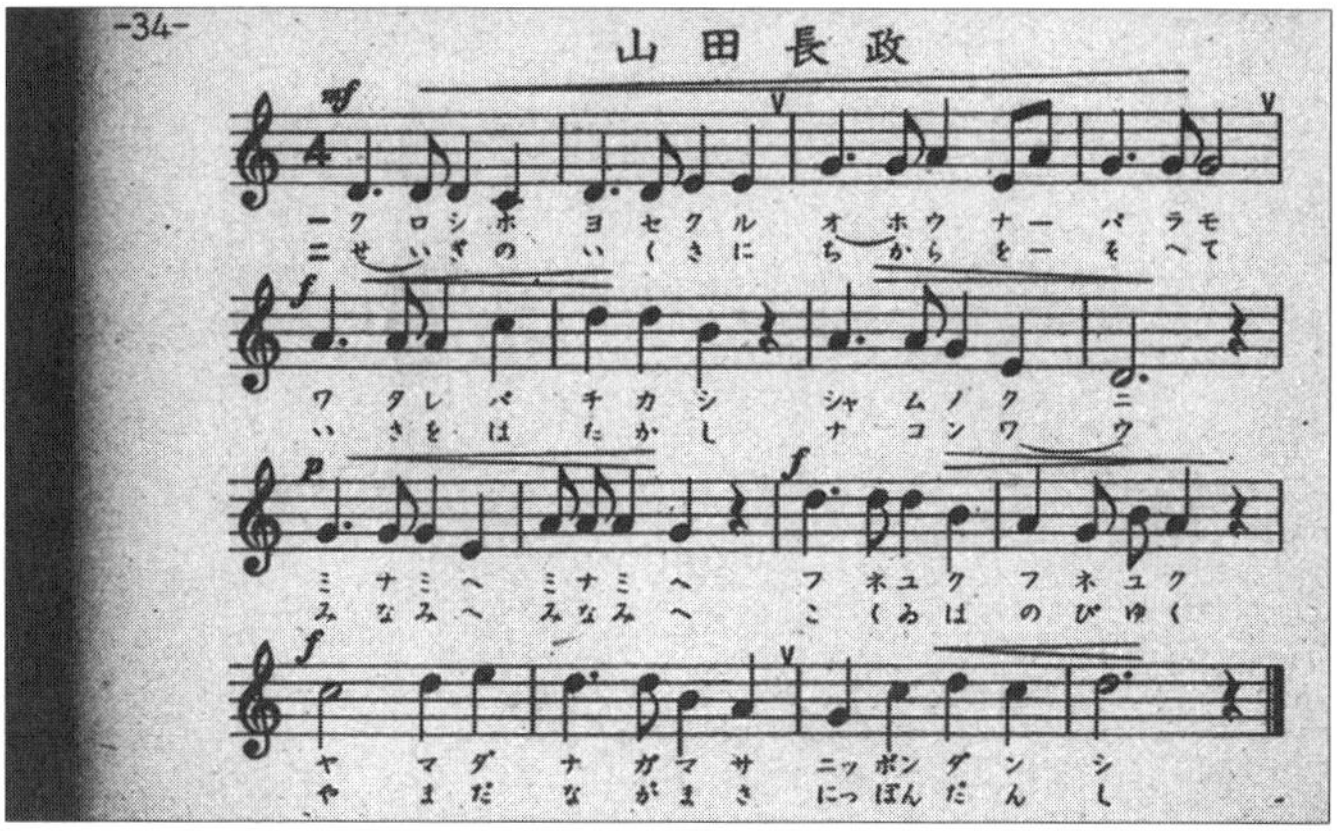


長政は修身だけでなく、音楽の教科書にも登場し、プロパガンダに利用された（『初等科音楽（1942）』国会図書館所蔵）

から官位を得た日本人がいたのは事実のようだ。

ではなぜ、そんな謎だらけの長政が、戦前の一時期に日本で有名になったのはなぜか？　それは、**昭和初期に日本軍がプロパガンダとして利用した**からだ。

アジア進出を拡大したい日本軍部は、南方への進行を正当化するために、さまざまなプロパガンダを行っていた。南方で武勇を振るって王になったという長政の逸話は、この思惑に合致した。国民の興味を南方に向けるのに、最適な人物だと判断されたのだ。

奇《く》しくも昭和5年（1930）に前述のオランダの記録が発見されたことで、各出版社は競うように長政関連の書籍を刊行。昭和17年（1942）には国民学校の修身教科書にも、長政の話が載せられた。そこでは国王と同じデザインの冠が授けられたと、シャム国王と同等のように書かれていた。こうして伝説が独り歩きを続け、長政の逸話は史実として定着したのである。

# 09

# 鼠小僧は義賊だったというのはウソ

**通説**

鼠《ねずみ》小僧次郎吉《こぞうじろきち》といえば、江戸時代に庶民の味方となった義賊《ぎぞく》である。裕福で強欲な武家や商家などの悪人を相手に大金を盗み、それを貧乏な家々に配っていた。天保3年（1832）に捕まり処刑されてしまうが、そのアジトには、金が一切残っていなかった。そんな貧しい人々のため権力者に立ち向かった人物だったからこそ、庶民の間でヒーローとして人気を集めたのである。

江戸時代に義賊として人気を集めた鼠小僧（「踊形容外題尽　鼠小紋東君新形桶の口の場」部分／国会図書館所蔵）

## 真相

鼠小僧が貧しい人々に金を配ったという話は創作で、**実際には私利私欲で盗みに走った、ごく普通の盗賊だった**。裕福な屋敷ばかりを狙ったのは、単に侵入しやすかったからだといわれている。アジトに金がなかったのも、博打や色事に浪費しただけに過ぎなかった。

### 義賊鼠小僧の本性

鼠小僧は、江戸時代に人気を集めた義賊のなかでも、特に有名である。強欲な権力者や富裕層だけをターゲットにし、盗んだ金や財宝は貧しい人々に分け与える。そんな弱きを助け、悪を挫《くじ》く潔さから、犯罪者でありながら庶民からの支持は絶大だった。

鼠小僧の本名は次郎吉という。寛政9年（1797）に新和泉町《しんいずみちょう》（日本橋人形町3丁目）に生まれ、当初はとび職人として真っ当な生活を送っていたが、文政6年（1823）から盗賊となり、武家屋敷を中心に富裕層ばかりの家に忍び込むようになった。小柄で神出鬼没な姿からついたあだ名が「鼠小僧」。捕縛されるまでに90回以上も盗みを続け、盗んだ金額は約3000両。現在の貨幣価格で6000万円ほどの大金である。処刑されても人々は鼠小僧の活動を忘れず、講談や芝居を通じてその一生を語り継いだ。これが、これまでの鼠小僧に対するイメージである。

確かに、鼠小僧が裕福な屋敷ばかりを狙ったのは事実だ。しかし、義賊であったかといえばそれは違う。**自分の生活のために盗みをはたらいていた**にすぎず、弱者のために権力者に立ち向かうような人物ではなかったのである。

まず、盗んだ金銀を長屋の人々に分けたというエピソードは、説得力のある史料で確認できない。本当に盗品をバラまいたのなら、金銀を受け取った家々は幕府の取り調べを受けただろうし、周辺地域が捜索されたはずである。しかし、そうした痕跡を示す史料は、今のところ発見されていない。

それに富裕層の屋敷ばかりを狙ったのも、決して権力者への怒りからではない。現代でこそ、監視カメラや警報機による防犯が可能だが、江戸時代は人の目が頼りである。しかも、照明はないに等しいうえに、屋敷の内部は広くて暗い。夜間に忍び込めば隠れ場所はたくさんあった。

それに商家の場合は被害を訴え出やすいが、メンツを重んじる武士からすれば、被害をおおっぴらにはしにくかった。つまり、**大金を得やすく、しかも事後に犯行がバレにくいという理由から、**

捕縛される鼠小僧（「鼠小紋東君新形」部分／都立中央図書館特別文庫室所蔵）

**鼠小僧は武家屋敷を中心に盗みをはたらいた**のである。

鼠小僧が捕縛されたのち、アジトに盗んだ金が一切残っていなかったことも事実だが、何のことはない、酒と博打と女に消えただけだった。逮捕後に次郎吉本人が自白したとの記録があるので、間違いではないだろう。そもそも盗賊となったのは博打で破産したからで、武家屋敷に入る前にはスリとして一般人相手に盗みを働いたこともある。これでは、義賊とはとうてい呼べないだろう。

ただし、**神出鬼没の盗賊の噂は、鼠小僧在世中から庶民の間に広まっていた**ようだ。捕縛後に金が残っていなかったという噂もあいまって、当時から不思議な存在だと思われていたらしい。そんな謎に包まれた存在だったからこそ、庶民の願望が反映された義賊伝説が生まれたと考えられる。ほかの義賊たちも、調べてみれば正義の味方とは程遠い本性が判明するかもしれない。

# 10

# 紀伊國屋文左衛門はみかんで財を築いたというのはウソ

**通説**

紀伊國屋文左衛門《きのくにやぶんざえもん》は、江戸時代中期を代表する豪商である。文左衛門は、海路を開拓して大量のみかんを紀伊国《きいのくに》（和歌山）から江戸へと転売することに成功し、巨万の富を築いた。さらには江戸の塩鮭を病の特効薬として大阪で販売すると、これも成功。こうして文左衛門は、江戸時代中期で一、二を争う豪商に成長したのである。

紀伊國屋文左衛門を描いた錦絵。みかんの転売で財をなしたと言われてきたが、これは幕末の小説による脚色。また、歌舞伎では派手な暮らしをした豪商として演出されたが、詳しい経歴はわかっていない（「誉大尽金の豆蒔」都立中央図書館特別文庫室所蔵）

**真相**

**みかん船の逸話は幕末に出版された小説が出所**で、信頼のおける史料には一切記述がない。だが、明治時代にこの小説をもとに文左衛門の苦労を描写した長唄が流行したことで、一般層に文左衛門の「みかん船伝説」が広まっていった。実際には、文左衛門が富を築けたのは、材木業の成功によるものである。

## 木の力で作った一代の富

紀伊國屋文左衛門は、元禄から享保年間（17世紀後半～18世紀半ば頃）にかけて莫大な富を築いた商人だ。大名も通う吉原遊郭を貸し切ってどんちゃん騒ぎをしたかと思えば、商売敵を困らせるために屋敷の前で銭をばらまき人々を殺到させるなど、豪快な成金ぶりを表すエピソードは数多い。

そんな数ある逸話のなかでも特に有名なのが、みかん船のエピソードである。

あるとき、大嵐で関東と関西の航路が封鎖されたことがあった。この時期は、大工が屋根からみかんをまく「ふいご祭り」を控えており、江戸では西から仕入れていたみかんが不足して、値段が高騰していた。

これをビジネスチャンスとみたのが、当時20代だった文左衛門だ。誰もが尻込みするなか、文左衛門はただ一人だけ出航を強行すると、何度も沈没の危機に襲われながらも、紀伊国から大量のみかんを持ち帰ったのである。

文左衛門の勇気ある行動によって、江戸のみかん不足は見事に解消。莫大な利益を手にした文左衛門は、その利益を元手に材木業を起こして富豪の仲間入りをしたという。

しかし、嵐を踏破した冒険譚は胸の熱くなるものではあるが、現在では創作の可能性が非常に高いとみられている。**この逸話が初めて記されたのは、文左衛門の死から100年以上経ってから二世為永春水《ためながしゅんすい》が書いた『黄金水大尽盃《おうごんすいだいじんさかずき》』という小説**だからだ。

文左衛門が富豪に成り上がることができたのは、みかんの転売ではなく、材木業で成功したからである。

元禄期は5代綱吉が寺社修復事業を推進したことで、建築ブームの只中にあった。材木業者の文左衛門はこの流れに飛びついた。綱吉の側近である老中・阿部正武《まさたけ》を接待して関係を結ぶと、幕府

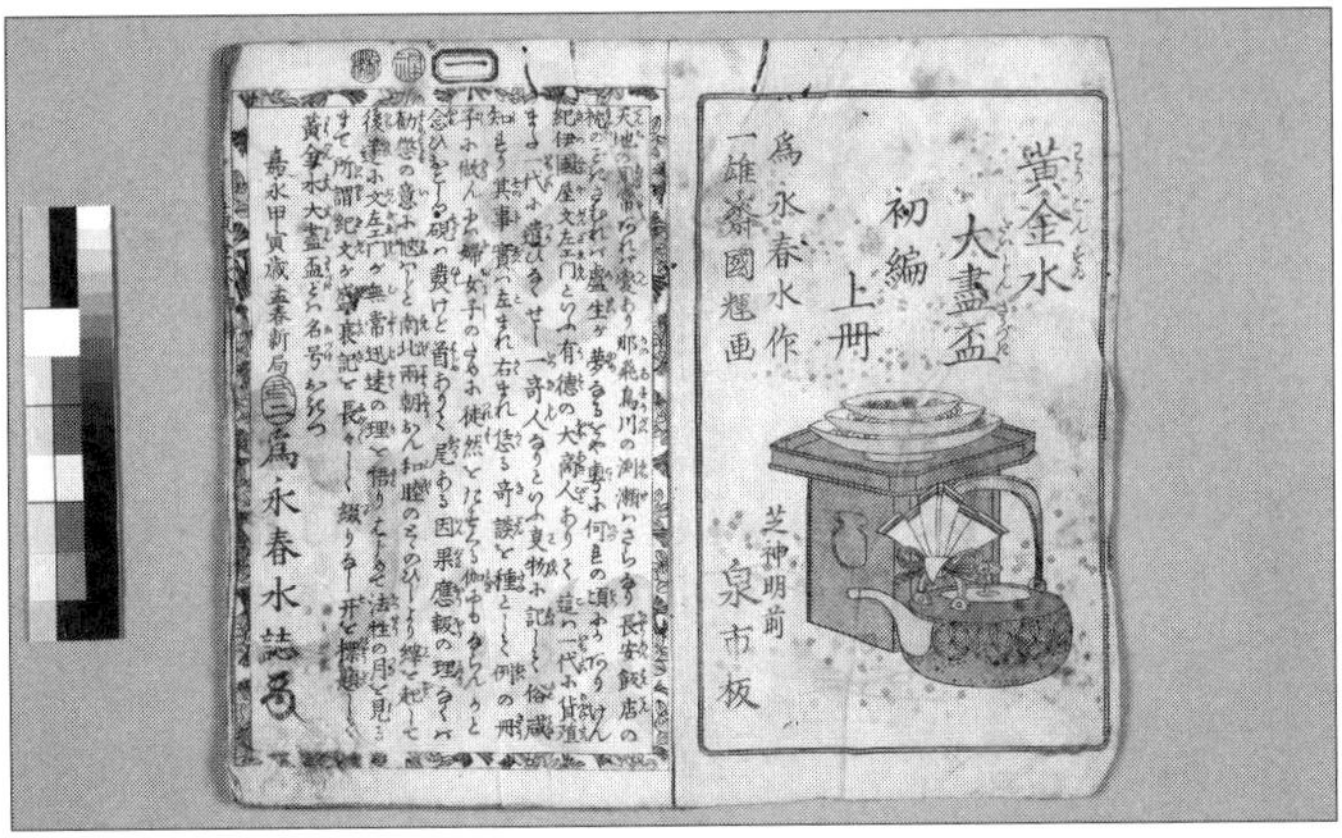


みかん船エピソードの初出とされる『黄金水大尽盃』（国文学研究資料館所蔵）

の材木御用達として莫大な利益を獲得。上野寛永寺の根《こん》本中堂《ぽんちゅうどう》造営事業では、木材調達で50万両（約500億円）もの巨利を得たという。**文左衛門は時代のニーズをいち早く掴み、幕府との関係を強化することで、稀代の富豪となった**のである。

しかし、そんな文左衛門も、綱吉が没して建築事業が縮小すると勢いを失っていく。そして、鋳造業の失敗が致命傷となり、ついには江戸・八丁堀の材木問屋を手放すに至った。これにより、文左衛門は深川八幡（江東区）に隠居して、紀伊國屋の財は一代限りで幕を閉じることになった。

なお、晩年の文左衛門は日陰者同然の質素な暮らしを送ったと考えられていたが、現在では4万両近い貯蓄で悠々自適な余生を過ごした、という説もある。人並優れた才覚の持ち主は、最後まで抜け目がなかったということなのかもしれない。

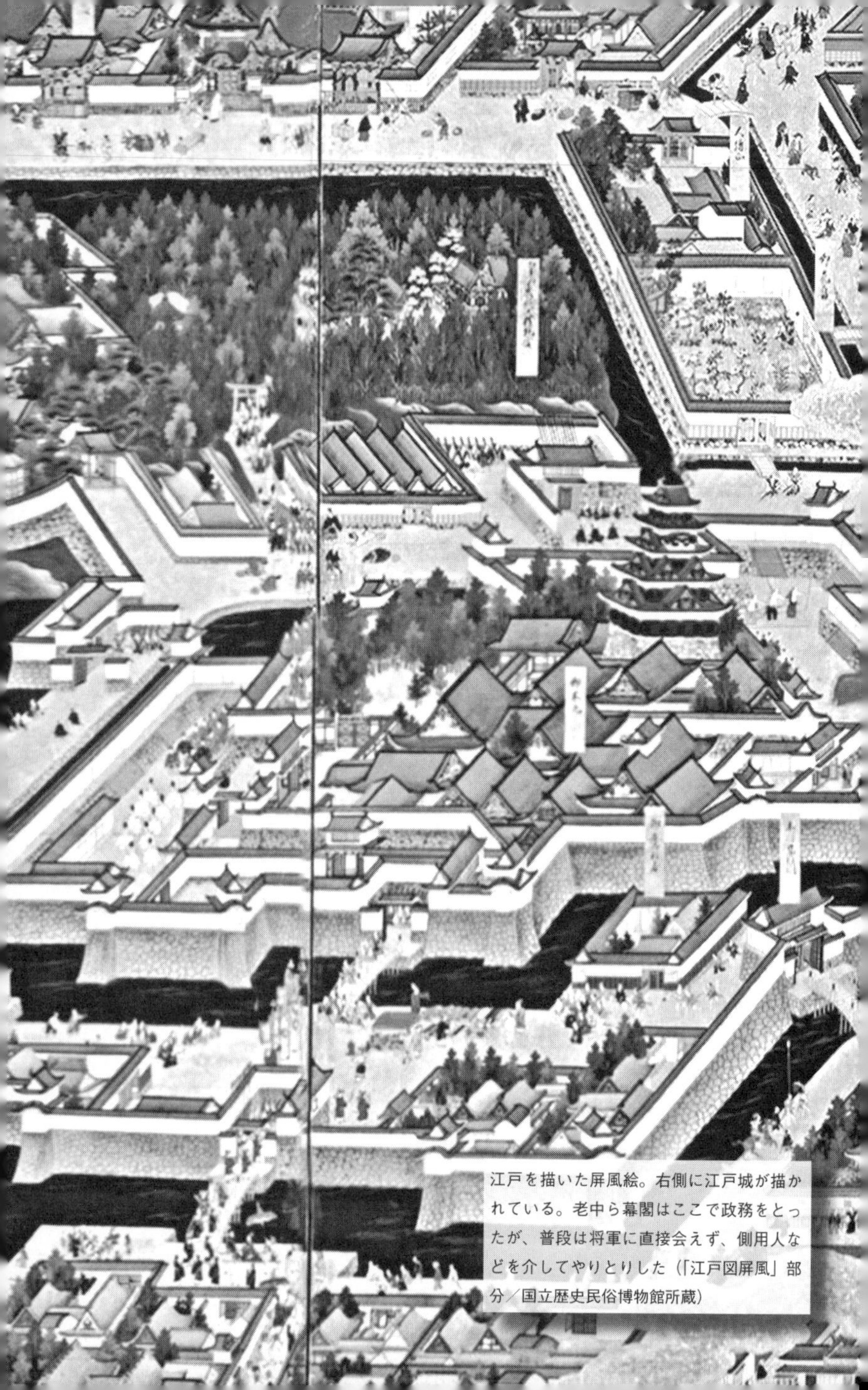

江戸を描いた屏風絵。右側に江戸城が描かれている。老中ら幕閣はここで政務をとったが、普段は将軍に直接会えず、側用人などを介してやりとりした（「江戸図屏風」部分／国立歴史民俗博物館所蔵）

第二章

# 政治にまつわるウソ

# 11

# 大老は幕府の最高職だったというのはウソ

**通説**

江戸幕府では、将軍が政治を主導する機会は少なかった。代わって実務の最高責任者を務めたのが、老中だ。たいていのことは数人の老中が合議で取り扱ったが、対応しきれない非常時になると大老が置かれ、政務を取り仕切ることもあった。田沼意次や水野忠邦、井伊直弼などが権力を集中させたのも、老中や大老という高い身分が影響していた。

幕末に大老を務めた井伊直弼（左）と天保年間の幕政改革を主導した老中・水野忠邦（右）

**真相**

老中は、将軍家側近を除いた諸大名のなかでのトップだったので、家柄はさほど高くなかった。**大老は徳川四天王級の諸将が政治参加するための臨時職**であり、最高権力者だったわけではない。そのため、国家の緊急時以外にも大老が置かれることは多かった。

### あまり偉くはなかった大老と老中

江戸時代において、政治のトップは将軍である。とはいえ、将軍自身が政務を取り仕切ることはほとんどなく、多くの場合、実務は家臣に任せられた。このとき政権運営の中心となったのが老中と大老である。

老中は通常時における幕府の最高職で、平時は将軍の手足として、4～5人の交代制で政権運営を代行した。幕政改革の中核となった田沼意次、松平定信、水野忠邦のように強権を振るった老中も少なくない。現代の総理大臣のようなものだと説明されることも多い。

この老中とは別に、大老という職もあった。江戸時代を通じて10人しか存在しなかったといわれている。老中でも対応できない緊急事態が起きたときに臨時職として置かれたといわれており、江戸幕府のナンバー2ともいえる重要な役職のようにみえる。

ただ、実のところ老中と大老は大して偉くはない。もちろん政務を担当する筆頭職なので重要な仕事ではあったが、**家格はそれほど高くはなく、立場はかなり不安定だった**。

江戸時代の大名は、徳川一族の親藩、関ヶ原前より徳川家臣だった譜代、関ヶ原の戦い前後に徳川の臣下となった外様《とざま》の3種に分けられていた。このうち幕府の実務を担当したのは譜代である。老中・大老はこのなかからしか選ばれなかった。つまり、**幕府の実務は家康の家臣の子孫たちによって運営されていた**わけだ。

しかし、徳川家臣の子孫ということは、家の格式でいえば親藩がはるかに格上である。外様にも島津、毛利のような高家があり、石高は譜代大名より圧倒的に多い。家柄の観点で見れば、老中はあまり偉いとはいえないのだ。

しかも、老中は大奥に入れないため気軽に将軍と顔をあわせることができず、非常時以外は将軍側近の側用人《そばようにん》が力を持つなど、権力は少なからず不安定だった。同様のことが大老にもいえる。

大老は、2代秀忠の側近・土井利勝《どいとしかつ》が初代だとされている。将軍と関係の深い土井、酒井、堀田、

２代秀忠に仕え、初代大老とされる土井利勝（左）と最後の大老・酒井忠績（右）

井伊家のみから緊急時に設置される役職、と説明されることもあるが、実は結構な頻度で置かれている。10人の任期を合計すると、江戸時代２６５年の間に61年と意外に長い。大乱のない元禄年間にも井伊直興《なおおき》が大老を務めたことから、必ずしも非常時に権力を集中させるための役職とはいえなくなっている。こうしたことから、**大老は徳川側近の譜代を政治参加させるときに設置させる、一種の名誉職だったとする説もある。**

老中と大老が実態以上に権力があると考えられてきたのは、各改革に手腕を発揮した老中や大老のイメージが強いからだろう。幕末の大老井伊直弼はその代表だ。

ちなみに、実は直弼は幕末最後の大老ではないが、最後の大老・酒井忠績《ただしげ》は影が薄かったせいか、あまり知られていない。酒井のような大老がいたことを思えば、同じような無名の老中や大老は、かなり多かったと考えていいのではないだろうか。

# 12 女性は幕政に関与できなかったというのはウソ

**通説**

戦国乱世では実力ある女性であれば政治に関与することもあったが、江戸時代にはその機会が失われた。幕政は男性に牛耳られ、城中の女性たちは意見すら許されない。女性に求められたのは、妻として幕臣の夫を支えるか、大奥で将軍の子どもを産むことだけだった。

大奥を創設して権勢を誇った春日局（左）と5代綱吉の母として政治に強い影響力をもった桂昌院（右）

**真相**

将軍の正室か生母になれば幕府内で大きな権力を持つことができた。この権力を利用して幕政を動かした女性も何人かいる。また、**大奥は世継ぎを残すためだけの機関ではなく、独自の政治力を持つ権力機関**でもあり、江戸時代後期には上級幕臣さえも無視できない影響力を発揮していた。

**幕政を動かした女性たち**

江戸時代は、現代以上に女性は政治参加が難しかった。全国諸藩の政治はもちろん、幕政への関与などもってのほかで、女性は大奥や夫の屋敷でおとなしく過ごすしかなかった。

江戸時代の政治というと、このようなイメージを抱くのではないだろうか。確かに、こうした見方はおおむね正しい。だが、幕政を大きく動かす女性がいたことも事実である。特に、将軍の生母か正室の場合、その権力は絶大だった。

現将軍の妻ということは、将軍家の一員となり、次期将軍を産んでも権力は絶大なものとなる。その影響力は大奥だけにとどまらず、幕府の決定すら左右することもあった。

5代綱吉の生母である桂昌院《けいしょういん》は、将軍の母であることを背景に寺社造営を積極的に行い、一説には生類憐みの令の制定にも関与されたといわれる。7代家継の生母である月光院も、将軍が幼年であることを理由に幕臣たちを助け、6代家宣の正室である天英院は、家継の死後に夫の遺言と称して吉宗を8代将軍に推薦するなど、将軍選びに決定打を与えている。なかでも、天英院の権威は吉宗政権下では並ぶ者がなく、将軍までもが配慮を示した。将軍家と薩摩島津家の縁談を主導するなど、外交面でも功績を残している。

また、正室だけでなく、大奥の女性たちも政治的な力を持っていた。大奥創設者の春日局《かすがのつぼね》は「乳母将軍」と呼ばれるほどの権勢を誇ったが、大奥という組織自体も、かなりの権力を持っていた。**大奥内の責任者である「年寄《としより》」は10万石相当の格式があるとされ、江戸時代中期からは幕政にも関与するようになった。**老中・田沼意次辞任後の後任選考に際しては、田沼派の就任を嫌った反対派が年寄・大崎《おおさき》に妨害工作を頼んだことで、田沼派の重要人物の加増が減らされている。**年寄は人事の相談を受けるほどの影響力を持ち、幕臣の加増を左右するほどの政治的権力を持っていた**のだ。

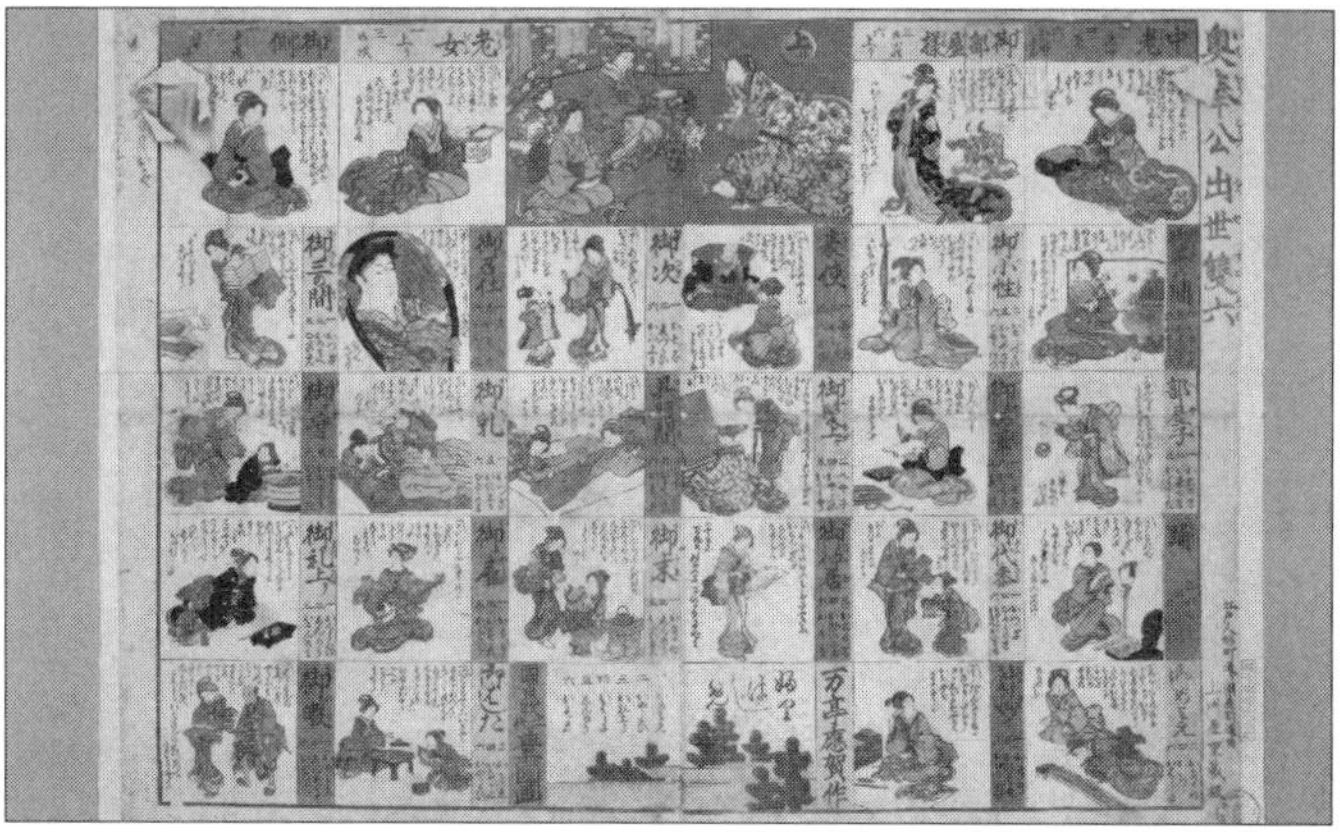

大奥の女性の出世を題材にした双六。右下の「お目見え」から始まり、最終的には老中（年寄もここに含まれる）、中臈などに至る（歌川豊国「奥奉公出世双六」国会図書館所蔵）

これが田沼派の勢いを削ぐのに一役買い、老中には反田沼派の松平定信が就任している。

正室・生母をトップとする大奥は将軍家と繋がりが深く、**女中には公家や天皇家の女性も多くいた**。その責任者だった年寄は、必然的に権力も大きくなる。将軍家として責任がある正室とは違い、比較的に動きやすい立場だった年寄は、政治に影響を与えやすかったのだろう。

年寄の権力を危険視した定信によって大崎は引退に追い込まれたが、定信退任後は年寄の権力が復活。12代家慶の時代に大奥の財政引き締めが計画されたときには、年寄・姉小路が「婚姻を捨てた女中が豪華を好むのは仕方ないこと」と老中を一喝して中止させている。

その後も年寄は幕府の権力者として君臨した。大奥内では将軍ですら道を譲り、敬語で話すほどだったという。江戸時代の女性のなかにも、強い権力で幕府すらも動かす者がいたのである。

# 13

# 大名はひとつの城しか持てなかったというのはウソ

**通説**

慶長20年（１６１５）に発令された「一国一城令《いっこくいちじょうれい》」で、全国の大名は領地に城をひとつしか持てなくなった。戦国時代に建てられた出城《でじろ》は全て取り壊されて軍事力は縮小。諸大名は幕府に対抗する力を失った。城の修復工事でさえ幕府の許可が必要となり、違反した大名には改易を含めた厳しい罰が下された。

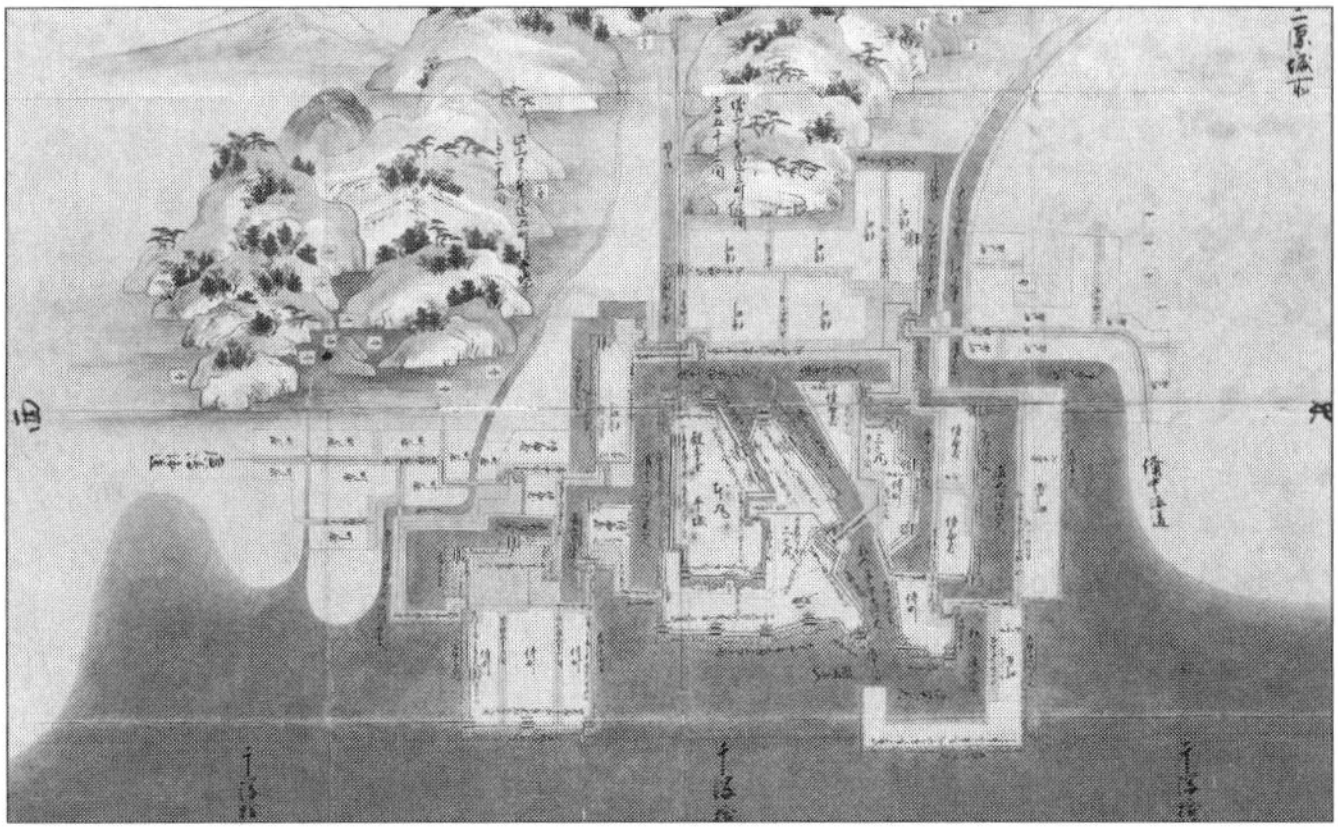

幕府が1644年に諸藩へ命じてつくらせた城下町の地図。上図は二城を許された広島浅野家の三原城（「備後国之内三原城所絵図」部分／国立公文書館所蔵）

**真相**

**城の廃棄は全国一律に実施されたわけではない**。防衛上の観点から複数の保持を許された大名も少なからずいたし、九州や東北には砦と称して数十の城を保有した大名もいたのである。

## 徹底されなかった一国一城

日本史上、最も築城が盛んだったのは、実は関ヶ原の戦い直後だった。徳川家康は西軍を破ったが、豊臣家は依然として存続したまま。そこで諸大名は、来たる次の大乱に備えて城の整備を急いだ。現在、全国に残る城跡の大半は、この時代に築城・改築されたものである。

幕府を開いたばかりの頃は徳川家も築城を奨励していたが、大坂の陣の勝利で豊臣家を滅ぼすと、全国の大名に城を破却するよう命じた。諸大名の軍事力を削り、幕府への反乱と大名同士の戦争を防ぐためだ。このとき出された法令が、諸大名の居城以外を廃城させる「一国一城令」だった。これにより、全国に数百から千以上はあったという城が、175にまで減少。その後に武家諸法度で修理をするにも幕府のチェックが必要だと定められ、違反すると改易処分を下されることもあった。

こうして城は防衛拠点としての機能を失っていったが、意外なことに法令はそれほど厳格に守られなかった。一国一城令の発布後も、複数の城を持つ大名は少なくなかったのだ。

安芸・備後（広島県）を治めた浅野家の場合は広島城と三原城の二城を、因幡《いなば》・伯耆《ほうき》（鳥取県）の池田家も鳥取城と米子城《よなごじょう》の二城を持っていた。いずれも関ヶ原の戦いの際に東軍についた大名だが、それだけで優遇されたのではない。**両者とも領土が二国あり、西国の外様大名と接する防衛の要**でもあった。そのため、特別に複数の城持ちを許されたのだ。同じように、領土の広さを考慮して二城を許可された大名は、東北や関東では少なくなかった。なかには家臣が城持ちだったことを考慮された大名もいたほどだ。

ただし、二城以上の城持ちが許されたのは、基本は親藩や譜代藩である。外様大名に対しては厳しく、島津・毛利家は二国持ちながら、一城しか許可されていない。では、外様大名らが幕府の一国一城令を守っていたかといえば、そんなことはなかった。

島津家の場合は、「外城制度」という制度をつくって規制をくぐり抜けた。仮屋の周囲に武士の

伊達政宗の重臣・片倉小十郎が城主を務めた白石城。伊達家はこの城と本城の仙台城に加え、伊達四十八館と呼ばれる砦も擁していた

集落を置いて地域を管轄するという仕組みで、有事の際は軍事拠点として機能できるように整備されていた。普段はただの集落なので、一城制には違反していない。この外城が、島津領には113もあったとされている。

そして**東北の伊達家にいたっては、集落という体裁もとらずに数十の支城を残していた**。伊達家は特別に二城を許可されていたが、さらに戦国時代の砦を「要害」「在所」「所」と改名し、勝手に存続させていた。砦は「**伊達四十八館**」と呼ばれたが、実際の数は80以上。21城は石垣などを備えた事実上の支城だった。

ただ、こうした処置は、上級家臣に対する配慮でもあった。伊達家の上級家臣は領地を与えられ、独自の砦や城点を持っていた。それらを破棄しては統治が成り立たなくなるため、廃城を免れようとしたと考えられる。こうして城は、軍事施設としてでなく、統治のために利用されるようになっていったのである。

# 14

# 江戸の街が町奉行によって守られたというのはウソ

**通説**

江戸の町奉行所は裁判の役割に加え、警察機関として町の治安を守っていた。治安維持の最前線を担っていたのは同心だ。彼らは町内をパトロールし、事件が起きれば捜査を行って犯人を捕縛した。このような奉行所の熱心な活動により、江戸は世界でも類を見ない平和な町になったのだ。

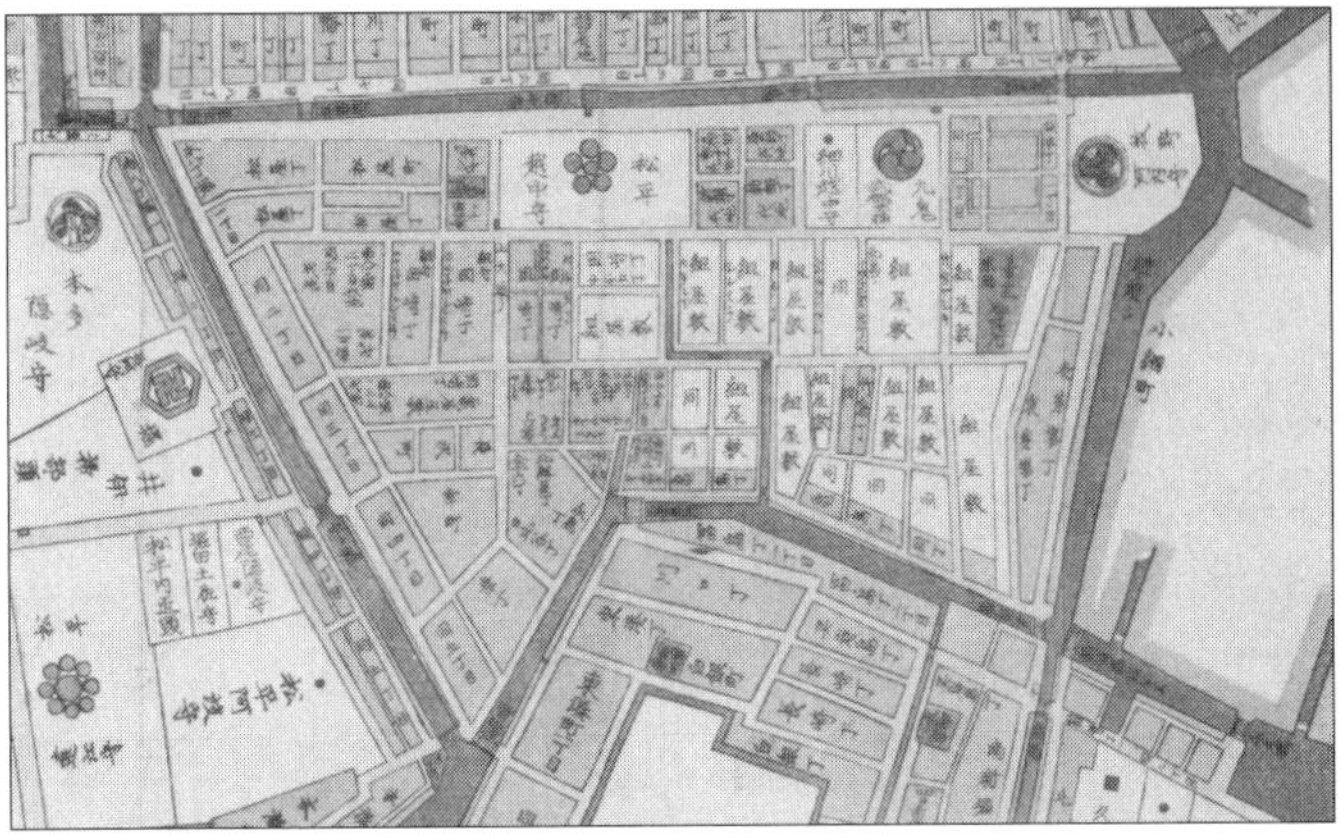

町奉行所の与力・同心が組屋敷を構えた八丁堀周辺図（「江戸切絵図　築地八町堀日本橋南絵図」国会図書館所蔵）

**真相**

慢性的な人手不足に悩まされていた町奉行所に、江戸全域の治安を守る力はなかった。大規模な打ち壊しや暴動が起きても放置することは多く、**重要事件でなければ奉行所役人は精力的には動かなかった**。実際の治安維持は町奉行ではなく、町人の自治組織が担っていた。

## 町人に任せた犯人確保

江戸の治安を守った組織。それが江戸町奉行所である。数寄屋橋《すきやばし》の南町奉行所と呉服橋《ごふくばし》の北町奉行所に分かれていたが、管轄区域を分割していたのではなく、一ヶ月交代の月番制で業務をこなしていた。

大岡越前に代表される町奉行の下、与力と同心が実務を担当。与力は行政や司法業務を担当し、同心はその部下として雑務や市中のパトロール、犯罪捜査などの治安維持活動を担っていた。いわば、与力は指揮監督を任務とする管理職であり、同心は江戸時代の現場警察官だった。

ただ、実態としては、町奉行所だけで治安を守るのは不可能だった。江戸町奉行の与力の数は、南北を合わせて50人。同心は200人ほどしかおらず、犯罪捜査を担当する「定廻《じょうまわ》り同心」「臨時廻り同心」はたったの24人だ。同心に雇われる岡っ引きを合わせても、1000人に届かなかった。

捜査範囲は町人地に限られたものの、50万人もいた町人を取り締まるのにこの数では、非常に心もとない。江戸が平和な都市だったからこそ少人数でも問題なかったと思うかもしれないが、実際は違う。**町奉行所は治安維持にあまり積極的ではなく、町人にかなりの部分を任せていた**のだ。

江戸の町を守ったのは、町人による自治組織である。町奉行と繋がりのある町役人が主体となり、土地持ちの裕福な町人から地代を集めて自治活動を担ったのだ。各町には**自身番屋《じしんばんや》**という詰所が置かれ、現在でいう交番のような役割を果たしたが、ここに勤めたのは武士ではなく、雇われた町人だった。

町中に暴漢が出ると、番屋勤めの町人たちの出番である。刺叉などを持って現場に駆けつけ犯人を取り押さえ、番屋へと連行。朝に定廻り同心が巡回にきたときに引き渡すことになっていた。さすがに盗賊や放火犯が現れれば町奉行所から捜査団が派遣されるが、軽犯罪であれば町内で解決するよう自助努力が求められていたのだ。

幕末には強盗が多発しても「みなで召し捕り奉行所に届けよ」と町人に治安維持を丸投げする町

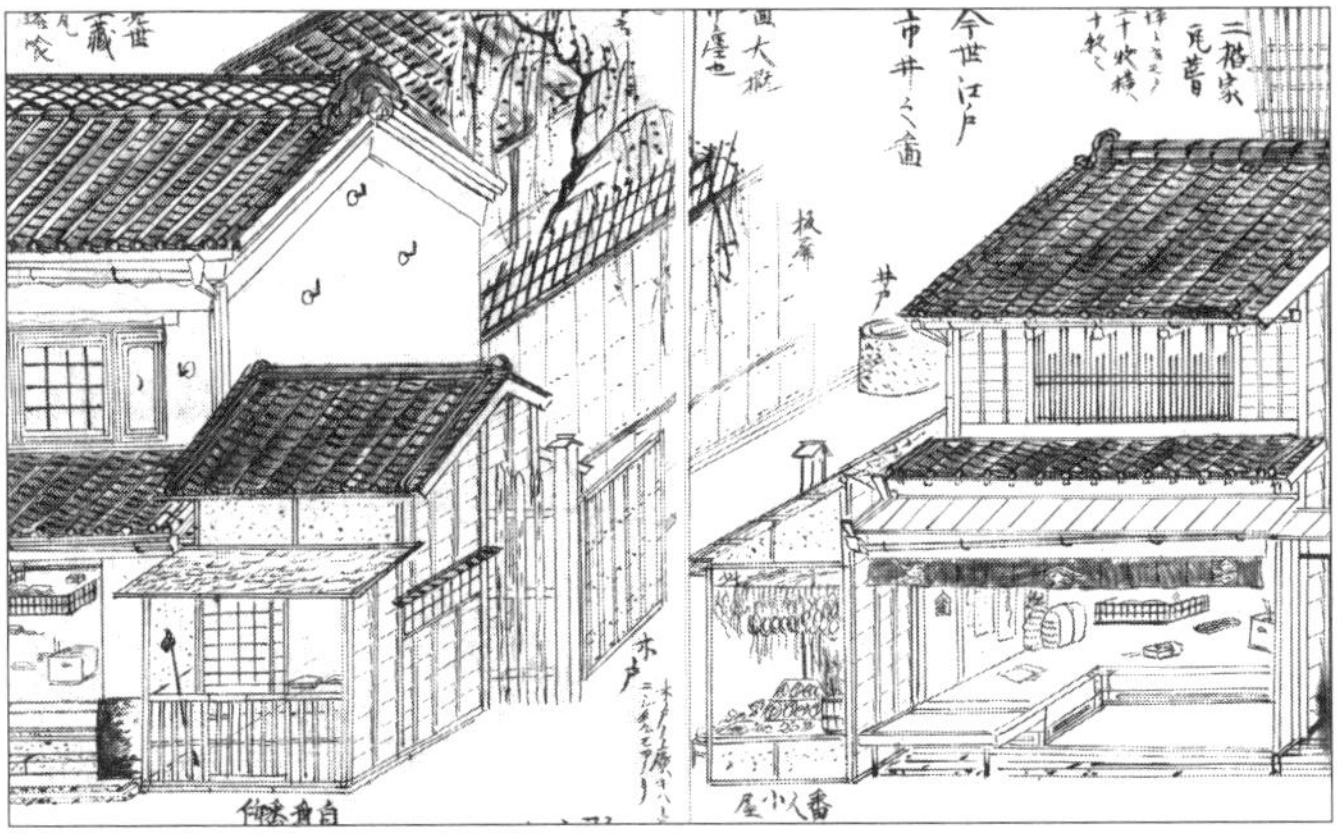

各町に置かれた自身番。現代でいう交番にあたる施設で、町人がこの番屋に勤めた

触れが出されているし、打ち壊しが起きても役人は取り締まるどころか暴徒に追い散らされることがあった。

　なんとも情けない話だが、これには止むにやまれぬ事情があった。電話1本で警察官が駆けつける現在とは違い、江戸時代では通報するだけで時間と手間がかかった。暴漢が出るたびに町奉行所に走り、事情を説明し、役人を連れて戻っていては、時間がかかって仕方がない。それよりも、**町人の手で直接取り押さえた方が効率的だった**のだ。

　与力や同心の数を増やすにしても、事実上の世襲だったので、大規模な増員は望めなかった。幕府は町奉行所から独立した組織として盗賊・放火犯専門の「火付盗賊改」を設置したり、同心を増員したりしているが、江戸の急激な人口増には追いつけず、焼け石に水でしかなかった。町奉行としても、町人の自治組織に頼らざるを得ない状況だったのである。

# 15 岡っ引きが町の治安を守ったというのはウソ

**通説**

町奉行所の業務は同心や与力が担っていたが、事件が起きたとき実際に調査したのは、「岡《おか》っ引《ぴ》き」と呼ばれた人々である。同心に雇われた町人だったが、江戸の見廻りや犯罪捜査など、治安維持に関わる仕事を任されていた。南北の奉行所を合わせると約500人の岡っ引きがおり、彼らが人手不足の同心に代わって、市中警備の中核として活躍していたのだ。

かるたに興じる人々。かるたや双六、サイコロなどの博打が人気を集めていた江戸では、岡っ引きが賭場経営をして治安を悪化させることもあった

**真相**

岡っ引きに犯人を独断で逮捕する権限はない。雇われたのは大半が現役のやくざ者や元犯罪者で、**お上との繋がりを悪用して町の顔役となり、賭場経営などで治安を悪化させることも多かった。**

## 犯罪者だった岡っ引き

江戸町奉行所の治安維持要員は、驚くほど少ない。司法と訴訟を担当する与力が50人、その手足である同心が200人（幕末には280人に増強）、そのうち犯罪捜査を担当する定廻り・臨時廻り同心は24人。これが江戸の南・北町奉行所で治安維持に関わる全人員だ。江戸を守るにはあまりに少数である。この人員不足を補っていたのが、同心の部下である岡っ引きだ。

部下と言っても、岡っ引きは武士でもなければ町奉行所の人員でもない。同心が私的に雇った町人である。そのため賃金は同心の稼ぎのなかから支払われることになっていた。総数は約500人。下っ引きという手下がおり、これを合わせると倍近くになったようだ。事件が起きれば町中から情報を集めて同心に報告し、犯人検挙に貢献した。

ただ、このように書くと聞こえはいいが、岡っ引きは問題を起こすことが少なくなかった。雇われたのは普通の町人ではなく、**現役のやくざ者や元犯罪者が大半**だったからだ。

やくざや元犯罪者であれば、裏社会の事情に詳しく、非合法な場所に出入りがしやすい。犯罪が起これば事情の詳しい者とコンタクトを取りやすいし、役人よりも犯人の行動を読むのは得意だ。岡っ引きが目明《めあか》しと呼ばれるのも、目証、つまり犯罪者に同類を密告させる役割だったからである。いわば町奉行所は、犯罪を制するために、その同類者を味方につけたのだ。現在であれば、警察が暴力団組員と癒着すれば大問題になるが、江戸時代ではこれが普通だった。もちろん下っ引きも、軽犯罪者や不良が多数を占めていたとされる。

それに犯罪者といっても、大半は真面目に任務をこなしたようだ。仕事をこなせば警察権という特権を維持できるし、そもそも働きが悪いと牢屋に入れられ、裏切者として牢内でリンチを受ける恐れもあった。

また、**岡っ引きは見返りとして、町奉行所から稼業を黙認されていた**が、これにうまみがあった。小料理屋や大工といった真っ当な稼業につく者もいたが、賭場のような裏稼業に手を出す者も少な

小伝馬町牢屋敷内を描いた図。入牢者が牢内の掟を聞いている。岡っ引きや下っ引きは、このような環境を経験した者ばかりだった（『鑑定徳川律法』国立公文書館所蔵）

くなかった。なかには役人の摘発に便乗してライバルの賭場を潰し、空白地に進出して町の顔役となる悪知恵の働く岡っ引きもいた。幕府の権力が届きにくい地方ではこうした事例がよくみられたようだ。

ほかにも、犯罪者を金銭と引換に見逃したり、無実の庶民を犯罪者に仕立て上げて評価を上げようとしたりと、悪質な岡っ引きは問題視されたし、同心への口利きをちらつかせて町人から賄賂を受け取るなど、**治安を悪化させるケースもあった**。下っ引きともなればさらにたちが悪くなり、中小の商家を回っては金銭を強請《ゆす》り、出し渋った商人を番屋で脅すこともあったという。

当然、幕府はこれを問題視し、18世紀初頭から幾度も目明し禁止令を出していた。だが、その効果は乏しく、明治になるまで岡っ引きの制度が消えることはなかった。犯罪者に頼るという江戸の警察機構の弱点は、ついに克服されなかったのである。

# 16 役人は取り調べで拷問を好んだというのはウソ

**通説**

江戸時代では、拷問が合法的に許されていた。容疑者が自白を拒むと、役人は牢屋敷に連行。石抱き、海老責め、駿河問いなど多種多様な拷問で徹底的に痛めつけた。罪を認めれば拷問は終わるが、あまりの苦痛に嘘の自白をする容疑者も多かった。裁判を行う御白洲にも拷問道具が飾られていたように、拷問はごく当たり前の行為として広まっていたのだ。

江戸時代の刑罰を描いた絵図（『徳鄰厳秘録』国立公文書館所蔵）

**真相**

拷問をするには複雑な法手続きが必要で、**役人の独断では行えなかった**。江戸時代中期からは戦国の空気が一掃されたこともあり、拷問ばかりする役人は無能だと蔑まれることも増えていた。

### 法で規制されていた拷問

容疑者を自白させるために、心身を痛めつける拷問。現代では違法行為だが、江戸時代では合法的に許されていた。

徳川家康は刑法の整備に積極的ではなく、刑罰や取り調べの手段は明確化されていなかった。体系が整ったのは8代吉宗の時代だが、その際に戦国の気風を残した残忍な拷問の扱いについても明文化された。

現在の刑事法にあたる「公事《くじ》方《かた》御《お》定書《さだめがき》」により、鞭で痛めつける笞打ち、容疑者の膝に石を積み上げる石抱き、体を無理な姿勢で固定する海老責め、緊縛状態のまま長時間吊るす吊るし責めの実行を、幕府は公認。正確には笞打ちと石抱きは「責問い」と呼ばれ、それに屈しなければ海老責めが、さらに海老責めにも屈しなければ吊るし責めの刑となったが、いずれも厳しい責め苦だったことに変わりはない。

しかし、当時の役人が好んで拷問していたとは限らない。幕府が拷問を許したのは、証拠があっても自白なしでは有罪にできなかったからである。つまり、自白を引き出すために拷問を許可したわけだが、**実際に行うには、厳しい基準をクリアしなければならなかった**。

まず、拷問の対象は殺人、放火、関所破りなどの重罪人のみである。それ以外の罪状でも奉行衆が評議で適当と判断すれば実行できたが、証拠不十分であれば基本的には許可されず、役人の一存で決定することは不可能だった。

実際に拷問を行うにしても、まずは取り調べで吟味方与力が容疑者に罪を問いただし、証拠を提示されてもなお口を割らない場合に限られた。

その後、町奉行への御伺書提出、老中らによる審査を経てはじめて実行が可能となるが、許可を得ても自由に痛めつけることはできなかった。実行可能な拷問は4種のみで、監視役として徒目付《かちめつけ》と小人目付《こびとめつけ》、医師の立会が必須であった。

責め殺しても役人の罪にはならないが、容疑者を殺さないよう1回の拷問にかける時間は最大一

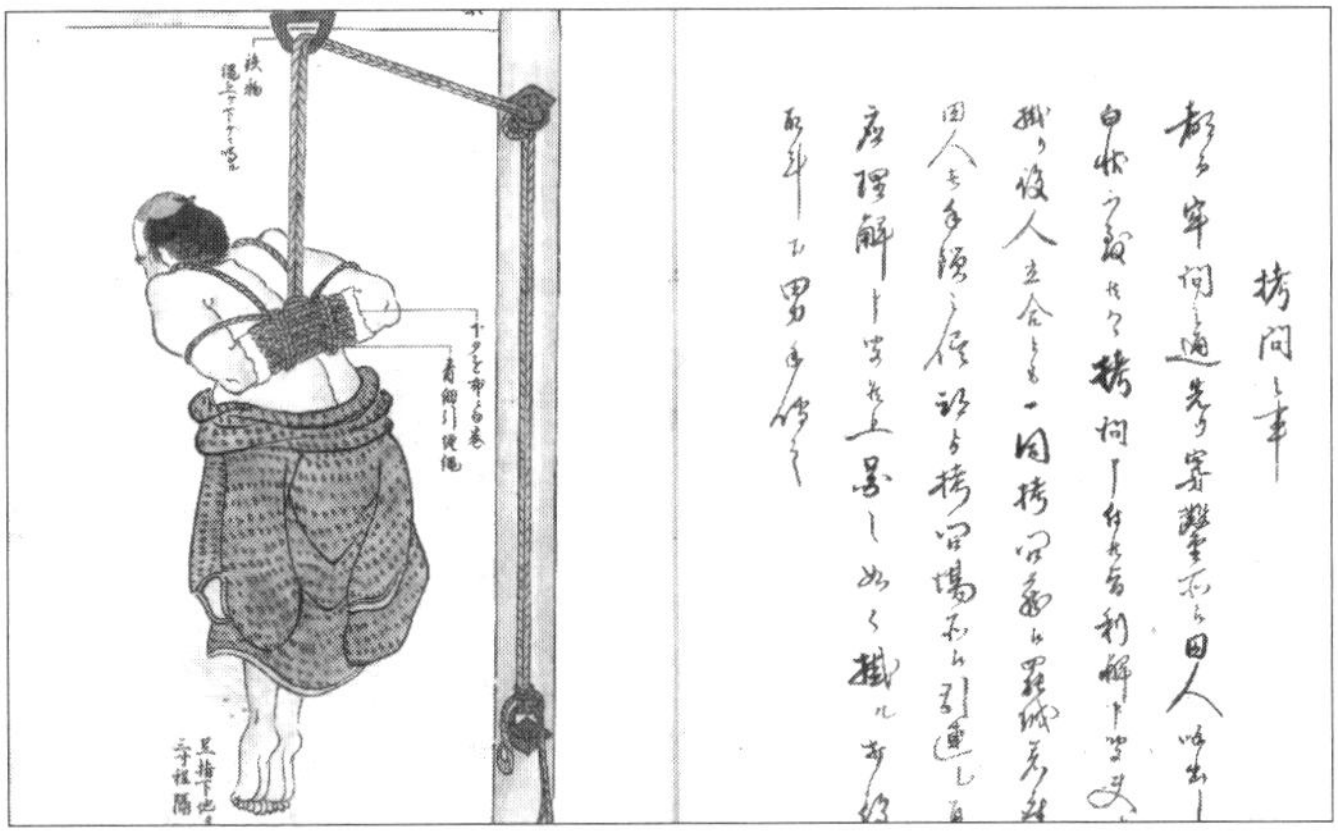

拷問のひとつ吊るし責め。これに加え、笞打ち・石抱き・海老責めが拷問として許されたが、対象は重罪人だけで、過度の措置は禁じられた（『徳鄰厳秘録』国立公文書館所蔵）

刻（約2時間）、医師の治療と休憩を挟むといった処置もとられていた。自白が必要である以上、役人たちにとっても容疑者の死は望むべきものではなかったのだ。

また、そもそも戦国の気風がなくなって平和な社会を迎えたことで、**残忍な刑罰は忌避されるようになっていた**。容疑者を小突いたり、暴言を吐いたりする役人もいたようだが、拷問や暴力に頼る役人は吟味下手として蔑まれた。逆に容疑者の心理を巧みに操り自白にもっていく者が、吟味上手と賞賛されたようだ。

現在の価値観からすれば、証拠があっても自白がなければ罪に問えないというのは奇異に映る。しかし江戸時代は、本人に罪を認めさせることこそ重要だった。自発的に罪を認めるということは、お上の御威光に従ったことを意味する。逆に言えば、**自白がなければお上の顔が潰れてしまう**のだ。だからこそ、あの手この手で自白を引き出す役人が評価されていったのである。

17

# 人々の移動は関所で厳しく制限されたというのはウソ

通説

江戸時代は、移動の自由が厳しく制限されていた。幕府は武器の流入と大名の妻子の逃亡を危惧し、交通路（街道）に関所を設けて人やモノの移動を監視。交通手形のない者は、自由に行動できなかった。罰則は厳しく、手形がないまま関所を通れば死刑にされるほどだった。

復元された箱根の関所。東海道の要衝だったため警備は厳重だった

真相

関所が厳しかったのは江戸時代前期までで、**中期以降は一部の要所を除けば通行が容易になっていた**。通行手形は簡単に手に入るようになっていたし、関所破りをしたとしても、お尋ね者でもない限りは現場判断で微罪に済まされることも少なくなかった。

**意外に緩かった江戸時代の関所**

「入鉄砲に出女」という言葉をご存じだろうか。江戸幕府の交通政策を指す言葉だ。幕府は江戸への武器流入と、江戸に住む大名の妻子の逃亡を防ぐため、江戸周辺から広がる街道に関所を設置し、人やモノの移動を制限したのだ。関所を通るには通行手形が必要だったが、庶民の場合は名主や町年寄に届けを出し、奉行や藩主の奥書をもらわなければ発行されなかった。武士であっても主君の許可が下りなければ他藩へ行くことさえできないなど、厳しい移動規制が敷かれていたのだ。

ただ、こうした規制が維持されたのは、江戸時代前期までの短い期間に過ぎない。軍事的な緊張が残っていた頃は関所が厳しく管理されていたが、泰平の世となると、通行の規制は緩和されていく。**主要五街道の整備が進んで人やモノの流通が活発化し、従来のような厳格な手続きでは処理が追いつかなくなった**のだ。

8代吉宗の時代には、物資や人間の流通を円滑化させるため、制度の簡略化が図られた。箱根などの主要な関所以外の監視は緩和され、通行手形が檀家になっている寺院や長屋の大家に頼めば簡単に手に入れられるようになった。また、一部の関所の機能は形骸化し、地方では無人の関所や杭があるだけの場所もあったという。

こうして規制が緩和されると、**旅行が庶民にとって身近なものとなっていく**。東海道の富士川渡舟場の天明6年（1786）付帳簿を参考にすると、ひと月で約1万5000人もの利用があったことがわかっている。ドイツ人医師のシーボルトも「日本ほど旅行がこんなに一般化している国はない」と記しており、人々が気楽に旅行を楽しんでいたことが窺える。

手形の発行を待てない旅行者や犯罪歴のある者、脱藩した者などのなかには、関所破りを試みる者もいた。本来、関所破りは死刑となるほどの重罪である。しかし、犯人を追う費用と労力を惜しんだのか、**積極的に取り締まらない役人も多かった**ようだ。

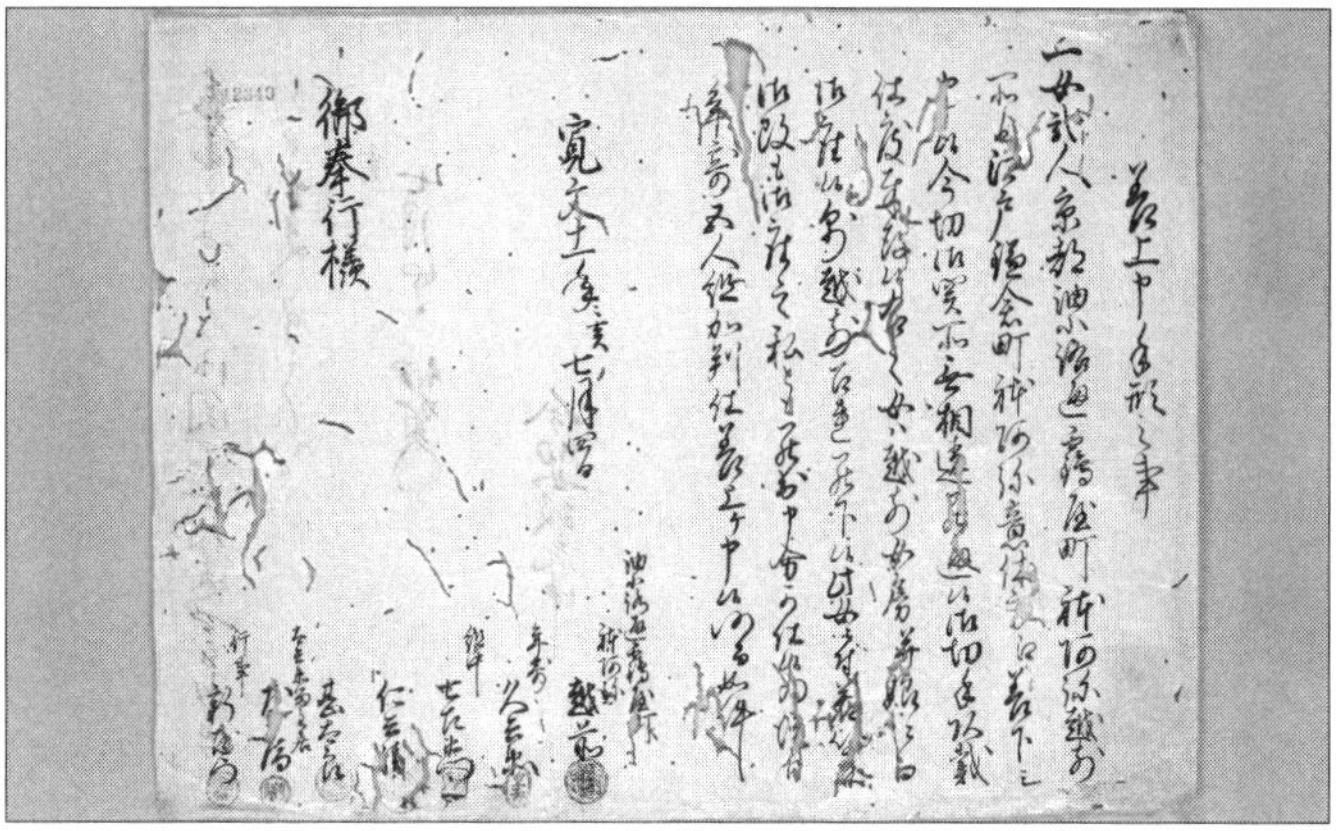

静岡県の新居町にあった今切関所の女人通行手形の写し（国会図書館所蔵）

常習犯や大罪人はさすがに見逃されなかったが、初犯であれば見て見ぬふりをされ、抜け道を使おうとした違反者が遭難者として追い返されることもあった。

それに、**役人が手形を裏で売るケースもあった**ため、脱藩をしたような大罪人でも、裏ルートを駆使すれば関所を通ることは可能だった。

さて、ここまでだと関所役人は怠けるために関所破りを黙認したように思えるかもしれない。だが、決してサボタージュするために見逃した者ばかりではない。

たとえば、親族の急病で急遽《きゅうきょ》国元に帰りたい旅人が手形なしで関所に来たとする。当然役人は追い返すのだが、ときには旅人に後ろを向かせてから背中を押していた。そうすれば旅人は関所の向こう側に押し出され、役人も押し戻しただけと言い訳ができるというわけだ。

関所の番人は決して杓子定規ではなく、人情ある判断もしていたようだ。

# 18

# 庶民は重い税負担に苦しんだというのはウソ

**通説**

江戸時代の農民は、重い税負担に苦しんでいた。年貢の税率は50％にも及び、さらに副業への税や公共事業費など、多くの金銭的負担を強いられた。こうした重税を支払うために、全国の庶民は貧しい生活を余儀なくされていたのである。

江戸時代に農業書に描かれた耕作風景（『農業全書』国会図書館所蔵）

**真相**

農民に対する税は地域格差が非常に大きく、一律の基準はなかった。土地の生産性を正確に把握していない領主が多かったこともあり、生産性が向上していても、江戸時代前期に定められた税率がそのまま適用されるケースがあった。税負担が重い地域もあったが、**全国的にみれば、現在に近い水準の地域も多かった**のだ。

**意外と軽い江戸幕府の税制**

周知のとおり、江戸幕府の税収の柱は農民の年貢、すなわち米である。

年貢は村単位で徴収されることになっており、納入時期が近づくと名主が各農家から米を集めて領主に納めていた。その税率は「四公六民」や「五公五民」。村で生産した米の40％から50％が税となるのだ。

これに加え、山川海の収穫物や副業に課せられる「小物成《こものなり》」、臨時の公共事業用を負担させる「国役」、村の生産力に応じて課される「高掛物《たかがかりもの》」など、農民はさまざまな税に苦しめられていた。以上が、農民の税負担に関する通説である。農民が領主に搾取される厳しい体制を思わせるが、実はこうした通説はすでに見直され、数々の誤りが指摘されている。ここでキーワードとなってくるのが、**土地の生産性**だ。

江戸幕府ができてから数十年以上も経つと、農業技術は向上し、土地の生産性は大幅に改善していた。この土地の生産性を元に年貢の割合が決まるわけだが、**幕府が全国規模で土地の調査をしたのは、4代家綱の時代に一度だけ**。新しく田地が開発された際に多少の調査は行われたが、大規模な確認作業は、ついに行われなかった。そのため、**帳簿上の年貢率は5割であっても、実質的にはそれ以下の税負担で済む地域が少なくなかった**。

もちろん、幕府は対策を講じなかったわけではない。土地の生産性の実態を把握するために検地を幾度か試みていたし、年貢率を高くして税収を増やそうとしていた。しかし、そのたび農民の妨害にあって、軌道修正を余儀なくされた。薩摩藩のように重い年貢負担を強いる地域もあったが、全国的に見れば、**幕末を迎える頃の年貢率は3割ほどに過ぎなかった**ようだ。

また、町人や商人となると、税負担は農民以上に軽かった。商人組合から営業許可税を徴収するようになったのは、天明年間（1781～1789）になってから。幕府ができてから約180

検地の様子。全国規模の検地はほとんど行われなかった（『徳川幕府県治要略』国会図書館所蔵）

年も商人の税負担は微税のままだった。当時の為政者は個人の収入を把握するシステムを持たなかったので、所得税のような税を課すことはできなかったのだ。

それに**米本位の経済体制下にあっては、商業活動に対する課税意識は、あまり高くなかった**ようだ。実際、5代綱吉の時代には貨幣の改悪で経済的混乱を生むなど、幕府の貨幣経済への理解は乏しかった。田沼意次の時代には商業振興策が実施され、税制も改革されようとしていたが、失脚するとこの計画も頓挫した。

幕府からすれば、鉱山開発や長崎貿易から上がる利益や、諸藩の献金・豪商からの御用金など、年貢以外の収入は多かったため、商業に対する課税は必要ないと判断したのかもしれない。だが、米中心の税制が続いたことで幕府と諸藩の財政は慢性的に不安定化するという問題を抱えてしまった。そんな状態が250年以上も維持されたのは、驚くべきことである。

# 19 農民は幕府や諸藩に虐げられたというのはウソ

**通説**

江戸時代の農民は、過酷な税を課された弱者だった。戦国時代の農民は、武器を手にして領主に反抗することがあったが、豊臣政権時代に刀狩りで武器を没収されたことで、一切の抵抗力をなくしてしまった。一揆を結んで領主に立ち向かうこともあったが、首謀者は処刑されるなど、その代償は大きかった。江戸時代は２６０年以上もの平和が続いた時期だが、農民にとっては苦難の歴史だったのだ。

江戸時代の農村の風景。幕府と諸藩は増収を目指して年貢率の引き上げを幾度となく行ったが、農民が一揆などで反発してうまくいかないこともあった（『成形図説』国会図書館所蔵）

## 真相

**年貢が幕府や藩の財源だったため、為政者は農村の取り扱いにかなり慎重だった。**また、地域をまとめる豪農のなかには、下級武士が及ばないほどの政治的・経済的影響力を持つ者もおり、彼らの協力なくして、農村を統制することはできなかった。

### 農民を制御しきれなかった武士

「百姓どもは死なないように、生きないようにすることを心得よ」

これは、徳川家康が残したと伝わる言葉だ。本当に家康の発言か疑問は残るものの、江戸時代の為政者にとって農民がどのような存在なのかを示す言葉として、よく引用されてきた。

農民は重い年貢負担を課され、田畑を売買することさえ許されない。武士に逆らえば命を奪われるため、理不尽な仕打ちを受けても耐える日々。一昔前の映画や小説などでは、農民はそんな弱々しいイメージで描かれるのが定番だった。

だが、そうした弱い農民像は、実際のところ正しくない。確かに、農民は財産分与や土地売買を制限された。しかし、それは農民が農地から離れないようにするための処置である。**重税を課すこともあったが、それによって農民が反発し、財源確保に支障をきたすこともあった**。そのため幕府や諸藩は、農民へ配慮せざるをえなくなっていったのだ。

年貢の計算方法は主に、毎年の収穫高をもとにする「検見法《けみほう》」と、10年間の平均値を参考にする「定免法《じょうめんほう》」があった。高校の日本史の教科書では、「18世紀以降に幕府が財政安定化のために検見法から定免法へと計算方法を変えた」と書かれているが、全国規模でみれば、これは誤りである。実際には、どの計算法を採用するかは農村に決定権があった。農村の代表者と各地方の代官の合意が必要で、交渉が決裂した場合、代官側が責任を追及されることもあった。

それにそもそも、江戸時代の農民たちは、武力を持たない弱者ではなかった。**実は農民の力は、武士を苦しめるほどに強かった**のだ。

戦国時代には国人衆という武装した有力農民が日本各地におり、江戸時代になっても、その地の顔役として権力を維持した集団があった。また、大名の家臣団を先祖とする名主や庄屋も珍しくはなく、江戸幕府の天領だった伊豆半島でも、旧後北条家の家臣の子孫が各村を事実上支配していた。

庄内藩の豪農本間家旧本邸の門。本間家は武士身分を認められており、建物内は武家しか許されていない構造を用いている

経済的・政治的に中小大名より権力が強い豪農も全国にはおり、諸藩が領国を安定して経営するには、そうした有力農民への配慮が必要だった。

なかでも、**庄内藩《しょうない》（山形県）の豪農本間家**は、藩に対して大きな影響を持っていた。

本間家は上杉家の家臣を祖先とし、新田開発や金融業によって領地を拡大したことで、その規模はなんと約20万石に及んだ。庄内藩では「本間様には及びもせぬが、せめてなりたや殿様に」という唄がはやるほど、存在感を発揮していた。

そしてその力は、藩内だけでなく幕府にも及んだ。1840年11月、藩主の酒井家に長岡への転封命令が下ると、本間家は配下の農民たちを使って幕府に直訴させ、**転封命令を撤回させた**のである。幕府が弱体化した幕末であることを差し引いても、農民がお上の決定を覆すという前代未聞の出来事だった。

# 20

# 公家や天皇が幕府に対して無力だったというのはウソ

**通説**

かつては政治中枢であった天皇と朝廷も、江戸時代には幕府の管理下に置かれていた。「禁中《きんちゅう》並《ならびに》公家諸法度《くげしょはっと》」によって公家は服装さえも規定され、天皇は政治参加をはっきりと否定された。幕府の意向に沿わなければ退位を促されることもあり、幕末になるまで朝廷は忍耐の日々を強いられていたのだ。

朝儀復興に熱心だった110代後光明天皇（左）とその養子で同じく朝儀復興に取り組んだ112代霊元天皇（右）

## 真相

幕府に対抗するための朝廷復権運動は、かなり早い段階から行われていた。朝廷儀式（朝儀《ちょうぎ》）復興を目指した後光明《ごこうみょう》天皇は志半ばで病死するが、その養子の霊元天皇によって、院政や一部の儀式が復活。**幕末の直前までには天皇が幕政に口出しするほど、影響力を強化していた**のである。

### 朝廷復権を目指した天皇たち

朝廷を骨抜きにして政治に口出しできないようにする。そのために徳川幕府が定めた法令が、「禁中並公家諸法度」である。天皇と公家の行動を制限し、天皇の領地である「禁裏御料《きんりごりょう》」は3万石と規定。これによって朝廷は政治から遠ざけられ、幕府に経済依存するしかなくなってしまった。

しかし、天皇は政治的・経済的に弱体化したものの、権威の象徴であることから簡単には服従せず、幕府と衝突することも幾度かあった。幕府の言い分が通ることがほとんどだったが、天皇本人が復権運動を起こして存在感を発揮することもあった。そんな天皇のひとりが、3代家光の時代の第110代**後光明天皇**である。

後光明天皇は武芸を好み、朝廷の監視役にも物おじしない性格だった。若くして朝廷復権に力を入れ、長く途絶えていた朝廷儀式の再興に成功。22歳の若さで病死するが、養子である第112代**霊元天皇**《れいげん》が、この路線を引き継いだ。天皇は息子の朝仁《あさひと》親王の即位にあたり、宮中儀式で特に重要な大嘗祭《だいじょうさい》の復活を決定。大嘗祭とは、即位後の天皇が神に新穂を捧げることで神性を得ようとする儀式である。幕府は一切支援しなかったが、霊元天皇は養父譲りの豪胆さでこれを強行した。結果、小規模ながらも再興に成功し、さらには貞享《じょうきょう》4年（1687）からは、**幕府が禁じた院政を始めた**。期間は6年ほどに過ぎないが、天皇が幕府に対して服従していなかった証といえる。

そして霊元天皇の時代から約100年後に即位した第119代光格《こうかく》天皇は、驚くべき行動をとる。幕府に対して政治的な発言をするようになったのである。

天明2年（1782）に発生した大飢饉に幕府は有効な対策を出せず、失望した庶民は京都御所に救済を求めてきた。多いときには7万人が御所に詰めかけたという。この困窮に同情した光格天皇は、京都所司代を通じて幕府に庶民救済を求めたのだ。

幕末に幕府に対して存在感を発揮した119代光格天皇（左）と121代孝明天皇（右）

幕府は天皇の政治介入を禁じていたので、まさに異例の出来事であった。さらに光格天皇は大火で焼失した御所を平安様式で幕府に再建させ、数百年断絶していた賀茂神社などの祭礼を再興することに成功。加えて自筆の詩を将軍に送るなど、天皇としての存在感を示す精力的な活動を続けていた。

かつては強気の姿勢を崩さなかった幕府も、この頃には天災や政治不安で力を弱めていた。また、儒学者の影響で武士階級の間に尊王思想が広まり、**為政者の間で天皇を尊ぶ価値観は、一般化したといってよかった**。そのため、頻繁に来訪するロシア艦隊への対応について朝廷に伺いを立てるようになるなど、朝廷の影響力が着実に強くなっていったのだ。

天皇が幕府の支配下にあったのは事実だが、その裏で朝廷復活を目指した運動が粘り強く続いていた。これが幕末の尊王攘夷運動にも少なからぬ影響を与えたのである。

天保の飢饉の惨事を描いた図。元与力の大塩平八郎は大坂町奉行所に救済案を提出したが相手にされず、幕府に反乱を起こすことになった（渡辺崋山「荒歳流民救恤図」部分／国会図書館所蔵）

第三章

# 事件にまつわるウソ

# 21

# 島原の乱の首謀者は天草四郎だったというのはウソ

通説

日本史上最大級のキリシタン蜂起である「島原の乱」。その指導者が、わずか16歳の天草四郎《あまくさしろう》である。数々の奇跡を起こしたカリスマで、キリシタンを救済するため反乱を指導すると、約3万7000人のキリシタンが蜂起して原城を占拠した。幕府軍の反撃で全滅したが、天草四郎のリーダーシップで統率されたキリシタンは手強《てごわ》く、武士階級は宗教勢力の恐ろしさを目の当たりにした。

熊本の天草パール・センターに立つ天草四郎像

## 真相

天草四郎は一揆勢をまとめるために祭り上げられただけで、**実権を握っていたのは有力な庄屋や浪人たち**だった。天草の生い立ちを記した史料は少なく、その素性には謎が多い。そのため実在しなかったとする説や複数人いたという説など、さまざまな仮説が立てられている。

### 祭り上げられた奇跡の少年

島原の乱は、九州の島原藩（長崎県島原市）と唐津藩（佐賀県唐津市）の天草諸島を中心に起きた、江戸時代最大規模の武装蜂起である。時期は、江戸時代初期にあたる寛永14年（1637）10月のこと。この反乱の総大将が、天草四郎だ。天草地方の出身であることから「天草四郎」と呼ばれるが、本名は益田《ますだ》四郎《しろう》時貞《ときさだ》という。キリシタン大名の小西行長に仕えた父の影響で、キリスト教に傾倒したと伝わっている。奇跡を次々に起こしたことから神の使者として崇められ、16歳で乱のリーダーとなった。これが、一般的な天草四郎像である。

しかし、実は天草四郎は、反乱軍の先頭には立ったものの、首謀者ではなかった。戦闘を指揮したことはあったものの、実質的な指揮権は別の者たちが握っていたのだ。

そもそも、島原の人々が反乱を起こしたのは、キリシタン弾圧だけが原因ではない。**発端は、過度の重税に苦しむ農民たちによる蜂起**だった。この蜂起に、幕府によって棄教させられた大勢の元キリシタンたちが参加したことで、宗教色が強まることになったのだ。**天草四郎はこうした騒動後に蜂起に加わったため、最初からリーダーシップを発揮したわけではなかった。**

では、天草四郎が島原の乱の首謀者のように思われてきたのはなぜか？　それは、主君を失った浪人や有力庄屋たちが、彼を担ぎ上げたからである。原城で捕縛された旧有馬家家臣の山田右衛門《えもん》作《さく》によると、天草に集合した5人の浪人勢によって、聖人として評判高い天草四郎を旗頭にすることが決められたようだ。その後、有馬地域の村々が話し合い、天草四郎に直談判をした末に、リーダーとすることが決まったのである。

浪人らが天草四郎を担ぎ上げた目的は二つ。潜伏する元キリシタンたちを集めることと、一揆勢の士気を高めることである。実際、その効果は絶大で、一揆軍は3万人規模の大軍に膨れ上がった。

なお、天草四郎の素性や生い立ちを記した一次史料は極めて少なく、戦闘中にほとんど姿を見

一揆勢がこもった原城（「原城攻囲陣営並城中図」部分）

せなかったこともあり、本当に実在したのかと疑問視する声は根強かった。複数の少年で構成されたグループ名だったという「天草四郎複数人説」が囁かれたのは、その一例である。しかし11月に起きた「本渡《ほんど》の戦い」という戦闘で、久留米の商人が四郎を目撃したという記録が残っていることから、現在では実在したことは確実だと考えられるようになっている。

そしてもう一つ、一揆勢は約12万の幕府軍と戦って全滅し、農民たちは皆殺しにされたと言われてきたが、これも誤りだ。実際には女子どもや投降者を許すよう、幕府軍は軍令で決められていた。参加を強要された農民を助けるためだとされ、**相当数の農民が城を脱出していた**ことが複数の史料に記されている。キリシタンに警戒していたとはいえ、武士からすれば農民は米を生産する大事な人材。むげに殺すことが得策でないことをわかっていたのだろう。

# 22

# 慶安事件が幕府転覆を狙った事件というのはウソ

**通説**

江戸時代初期に起きて幕府を震撼させたクーデター未遂事件。それが「慶安事件（由井正雪《ゆいしょうせつ》の乱）」である。戦国の世が終わりを迎え、食い扶持をなくした浪人たちは、幕府に恨みを募らせていた。そんな浪人たちを救うため、軍学者の由井正雪は幕府の転覆を計画。準備は進み、実行寸前の状態となっていたが、内通者の密告で幕府に発覚し、浪人たちのクーデターは失敗した。

慶安事件を題材にした明治時代の錦絵。時代が下ると慶安事件は講談や歌舞伎の演目「慶安太平記」として江戸の庶民に親しまれた。中央の金井民五郎は、由井正雪の門弟。金井は仲間が江戸で将軍誘拐に成功すると大坂市中に火を放ち、混乱に乗じて天皇を擁する予定だったが、一味のひとりがクーデター計画を密告したことで失敗。正雪の死を知ると大坂で自害した（「花菖蒲慶安実記」都立中央図書館特別文庫室所蔵）

## 真相

由井がクーデターを企てた理由は、はっきりとわかっていない。お尋ね者となった由井は自害するが、残された遺書には大老・酒井忠勝の専横を打破することがクーデターの目的だったと記されていた。当時の老中の手紙には駿府城の乗っ取りが目的だったとあり、**大規模なクーデターではなかった可能性が高い**。

### 浪人による反乱未遂の真相

江戸時代初期は、大名にとって受難の時代であった。幕府の支配体制を固めるために、徳川家は事あるごとに諸大名から領地を没収（改易）。領地を移転させる「転封」にあった大名も数多い。改易された大名は、初代家康から家光までの3代で210以上。転封は約380件にもなった。関ヶ原の戦いや大坂の陣での功労者でさえ容赦なく処罰し、幕府は諸大名の力を削いでいったのだ。

だが、改易によってお家がつぶれたことで、職にあぶれる数多くの浪人を生むことになる。路頭に迷った浪人たちは幕府へ不満を向け、ついには大規模反乱を計画する者たちも現れた。その首謀者が、軍学者の由井正雪である。通説では、正雪は生活難に苦しむ浪人たちに同情し、慶安4年（1651）年に彼らを救済するために幕府へのクーデターを計画したという。

まずは駿河国（静岡県）の久能山で家康の遺産を奪い、山中を本陣とする。続いて江戸の煙硝蔵《えんしょうぐら》（火薬庫）を爆破して、市中が混乱している隙に将軍を誘拐。成功すれば畿内に潜伏した同志が大坂と京で火災を起こし、比叡山と大坂城を奪取して全国の浪人に蜂起を促す。これが計画の全容だ。

この時期の幕府は3代家光が死に、4代将軍の家綱が幼年という、非常に不安定な状態だった。実現すれば幕府が倒れていた可能性もあるが、反乱計画は内通者によって幕府に発覚し、浪人たちは捕縛され、正雪は逃亡先の駿府《すんぷ》で自害した。

ただ、実のところ**計画の詳細はよくわかっていない**。前述の計画内容は幕末に編さんされた『徳川実紀』に書かれたもので、信頼性は高くない。それに当の正雪本人も、江戸幕府への翻意は否定している。

幕府に追い詰められて駿府で自害した正雪は、こんな遺書を書いていた。

「（前略）酒井《さかい》讃岐守《さぬきのかみ》などいへる君側の姦佞《かんねい》を追拂《おいはら》ひ、天下の御為を志ざす」

由井正雪（左／「東海道五十三次の内 由井 民部之助」国会図書館所蔵）と由井の遺書に殺害対象として挙げられていた酒井忠勝（右）

酒井讃岐守とは当時の幕府を牛耳っていた老中・酒井忠勝のことである。つまり、**酒井を排して世直しを図ろうとした**、というわけだ。

殺害対象となった忠勝も、浪人勢の目的を「駿府城の乗っ取り」と5月28日付で領国に報告しており、江戸や大坂を巻き込んだ大反乱だったとは記していない。**老中追放を目的に城を乗っ取る計画だったと幕府は把握していた**ようだ。

では、なぜ正雪が大反乱を企てたと思われてきたのか。それは、事件が『慶安太平記』などの書物や芝居で取り上げられ、大きく脚色されたからだろう。忠臣蔵のように、創作上の演出が史実だと混合されたと考えられる。

ただ、正雪の行動は幕府を動かした。第二、第三の浪人蜂起を恐れた幕府は大名の冷遇を見直し、改易も減らしていったのだ。それだけ正雪らの行動はインパクトがあったのである。

# 23
# 絵島事件が幕府の陰謀で起きたというのはウソ

**通説**

正徳《しょうとく》4年（1714）1月、大奥の取締役・絵島《えしま》（江島）の門限破りをきっかけに、関係者を含む1500人が処分された。絵島が歌舞伎役者の生島新五郎《いくしましんごろう》と密会していたことが発覚し、風紀の乱れが問題視されたのだ。これが幕府を震撼させた「絵島事件（絵島生島事件）」である。背景にあったのは、7代家継の生母と前将軍の正室との権力争いだ。生母の側近である絵島が処分されたことで、正室側は大奥内の権力掌握に成功。絵島だけでなく、多くの幕府関係者も処罰された。

大奥の年寄絵島と歌舞伎役者・生島新五郎の密会を描いた錦絵（月岡芳年「新撰東錦絵 生嶋新五郎之話」部分／国会図書館所蔵）

**真相**

絵島は門限こそ破ったが、生島との密会は完全に否定している。拷問を含む執拗な取り調べで生島を問い詰め、無理に自白させたに過ぎない。それに生母の追い落としを主導したのは正室側ではなく、復権を狙う旧政権の幕臣だった。

### 事件に渦巻く幕臣の陰謀

絵島事件は、大奥最大級の事件として有名だ。

事の始まりは増上寺参詣のため外出した大奥年寄・絵島が、門限を破ったことにある。参詣後に芝居見物をして役者と宴会をしたことで、帰りが遅くなったのだ。本来なら軽い謹慎で済むのだが、絵島への処分はあまりに重かった。歌舞伎役者・生島新五郎との密会疑惑が浮かび上がったことで、絵島の信頼は失墜。信濃高遠藩《たかとお》（長野県）へと流罪となり、同行した女中15人はもちろん、途中に立ち寄った芝居小屋を含む約1500人が処罰される大事件となった。

事件がここまで大事となったのはなぜか？　かつては、大奥内の権力争いが原因だと考えられていた。絵島は前将軍の生母・月光院の側近であり、前将軍の正室・天英院《てんえいいん》とは対立関係にあった。そのため、天英院が月光院の権威失墜を狙って絵島を徹底的に追及したというのが、これまでの解釈だ。実際、絵島の不祥事によって月光院と彼女に協力した幕臣は力を失い、騒動は正室派が勝利している。

だが、大奥内で権力争いがあったのは事実だが、騒動が大きくなったのは、別の原因も考えられる。**絵島は、幕政の主導権を握ろうとする幕臣たちに謀られた**可能性もあるのだ。

当時は急逝した家宣の後を受け、家継が7代将軍に就任していたが、その年齢はまだ5歳。そんな幼子に政治ができるはずはなく、幕政は幕臣たちが行うことになった。その幕臣たちの筆頭が、家宣の元側用人《そばようにん》・**間部詮房**《まなべあきふさ》だ。間部は甲府藩主の家臣から大出世を遂げ、同じく家宣に取り立てられた学者・新井白石とともに家継を盛り立て、財政改革や文化振興策を実施していた。月光院も間部の協力者のひとりで、密会を噂されるほど親密な関係だった。

だが、間部らの躍進は、代々徳川家に仕えてきた譜代大名らからすれば、面白いものではない。そんなときに起きたのが、絵島の失態だ。老中・土屋政直らはこれを好機と捉え、部下に早期摘発を命令。命令を受けた目付の稲生正武《いのうまさたけ》は、過激捜査によって江戸町奉行と共同で関係者を次々に捕

5歳で将軍に就任した家継（左）に代わって間部詮房や新井白石（右）が政務の中心に躍り出ると、土屋政直ら譜代大名は反発し、間部の追い落としを図った

縛し、**絵島と生島の密通というスキャンダルを捏造した**。拷問を用いた厳しい取り調べを行って、自白を引き出していったのである。

こうした反対派の素早い対応に月光院は有効な手を打てず、大奥内での権威は失墜。すると**土屋らの狙い通りその協力を得ていた間部ら側用人の権力も失われ、2年後の家継が早世すると、幕府から追放された**。

利用された絵島は、悲惨な最期を迎えた。事件の後に内藤清枚の屋敷に幽閉され、27年後に死去。幽閉中は見張り付きの1間（約1・8メートル）四方の空間しか与えられず、極めて質素で自由もない生活だったようだ。

ちなみに、騒動後は天英院や土屋の後押しで紀州藩主の徳川吉宗が将軍に就任したが、吉宗は改革のために紀州藩時代の側近を重用し、人事を刷新した。間部を成り上がり者として嫌った土屋だが、自身が推した吉宗も実力重視に舵を切ったのは、皮肉なことである。

# 24

# 赤穂浪士は主君の仇討に積極的だったというのはウソ

**通説**

江戸城松之廊下という格式高い場所で起きた刃傷事件。加害者は、赤穂《あこう》藩主・浅野《あさの》内匠《たくみ》頭《のかみ》長矩《ながのり》である。吉良《きら》上野介《こうずけのすけ》の嫌がらせに耐えかねた浅野内匠頭は、江戸城松之廊下で吉良を斬りつけてしまう。結果、内匠頭は切腹となり、赤穂藩はお家断絶となったが、浅野を挑発した吉良はお咎めなし。これを不公平とみた赤穂藩士たちは吉良邸への仇討ちを決断する。リーダーの大石《おおいし》内蔵助《くらのすけ》は46人の藩士を引き連れ、翌年の元禄15年（１７０３）12月に討ち入りを決行。藩士は陣太鼓を合図に正門から堂々と屋敷に突入し、仇の上野介を討ち取ったのである。

吉良邸への討ち入りを描いた忠臣蔵の一場面（葛飾北斎「仮名手本忠臣蔵」国会図書館所蔵）

## 真相

浅野内匠頭は粗暴で怒りやすい性格で知られており、**吉良への一方的な恨みで事件を起こした可能性がある。**吉良邸討ち入りについても、創作物のイメージが定着して史実と異なる点が多い。そもそも、赤穂浪士ははじめから主君の仇討ちのために吉良を討ち取ろうとしたわけではなく、**藩の主流派はお家再興を第一と考えていた。**

## 創作では語られない忠臣蔵の裏側

忠臣蔵ほど、日本人に愛されてきた忠義の物語はないだろう。吉良上野介に貶められて刃傷事件を起こした主君浅野内匠頭の恨みを晴らすべく、大石内蔵助ら47人の赤穂浪士が吉良邸に討ち入り、その首を内匠頭の墓前に捧げる。赤穂浪士は切腹処分を言い渡されたが、江戸の人々は彼らを「義士」と褒め称え、歌舞伎や創作物の題材として取り上げてきた。現在でも時代劇や映画など、数多くの創作物の題材になっている人気コンテンツだ。

だが、忠臣蔵はあくまで史実を元にしたフィクションである。脚色が多く、史実からかなりの変更点が加えられている。たとえば、忠臣蔵では吉良の嫌がらせがきっかけで浅野内匠頭が刀傷事件を起こしたと語られるが、実際の原因はわかっていない。むしろ近年では、**怒りやすい性格の内匠頭が、突発的に起こした通り魔的犯行だったと考える向きが強い**。

また、幕府が慣例を無視して浅野だけを処罰したことに赤穂浪士らが憤ったのは事実だが、その後の対応で意見が割れていたのも事実である。堀部安兵衛《ほりべやすべえ》ら強硬派は吉良襲撃を訴えていたが、主流となったのは内匠頭の子息を立てて御家再興を目指す勢力である。この再興派の筆頭が討ち入りのリーダーとなる内蔵助で、**幕府にお家再興の嘆願書を送っていた**。それが吉良討ち入りに傾いたのは、幕府に嘆願を無視されたことで面目が保てなくなったからだとも考えられる。

そして最も脚色が多いのは、やはり討ち入り時の描写である。映画やドラマでは、討ち入り時の陣太鼓をたたきながら堂々と行進する姿が印象的だが、これは創作による脚色である。そんなことをすれば人目に付いて、吉良邸襲撃が露呈する恐れがある。

では、実際の討ち入りはどのように行われたのか。事件を記録した『江赤見聞記《こうせきけんもんき》』によると、赤穂浪士は寅の上刻過ぎ（午前4時頃）に人目を避けて吉良邸に集まり、表門と裏門のふた手に分か

大石内蔵助が太鼓を叩いているが、これは創作上の演出（「本朝忠孝鑑　大石内蔵助良雄」国会図書館所蔵）

れた。そして表門組がはしごで密かに屋敷内へと侵入し、門番を倒して入口を確保。それから屋敷の周囲を囲む家来の長屋を鎹《かすがい》で封鎖すると、鉦《かね》で裏門部隊に合図を送ったのである。このとき鳴らした鉦が陣太鼓と勘違いされたのだろう。

上野介も警戒して警護の士を１００人近くおいていたが、長屋を封鎖されて40人ほどしか戦えなかった。その40人も、「火事だ！」と叫びながら突入した裏門部隊に意表を突かれて混乱。**ろくに戦えないところを襲われ、大多数が斬り殺された**。

また、創作では炭小屋で発見した上野介を殺す前に、内蔵助に対面させたことになっているが、実際には茶室脇の物置で間十次郎に槍で突き殺されている。しかも十次郎は上野介だと知らず、家来に顔を確認させてようやくわかったという。やはり、ドラマチックな演出通りに事が進んだわけではないようだ。

# 25

# 荒木又右衛門が仇討の助っ人で36人斬りをしたというのはウソ

**通説**

寛永7年（1630）7月、岡山藩主・池田忠雄《ただかつ》の小姓を、藩士の河合又五郎が殺害して行方をくらませる事件が起きた。この小姓の兄の助っ人となって又五郎と決闘したのが、荒木又右衛門だ。渡辺数馬《わたなべかずま》の助っ人となって、4年後に伊賀上野《いがうえの》で又五郎一派と決闘。この戦いで又右衛門は36人の敵を次々に切り倒し、数馬はついに又五郎を討ち取った。これが、日本三大仇討のひとつである「鍵屋《かぎや》の辻の三十六人斬り」の顛末である。

鍵屋の決闘を描いた錦絵（歌川国貞「伊賀ノ上野仇討ノ図」部分／国会図書館所蔵）

**真相**

又右衛門が仇討ちの助っ人となったのは事実だが、**確実に倒したと言えるのは36人ではなく1人のみ**。戦った人数も通説よりかなり少なかった。有名になって芝居の題材となると切り倒した人数が膨張され、36人にまで増えたのである。

## 日本三大仇討ちのひとつ

日本には「三大仇討ち」と呼ばれる三つの復讐劇がある。ひとつは、鎌倉時代に曾我兄弟が父の仇である工藤祐経を倒した「曾我の仇討ち」、もうひとつは、忠臣蔵として知られる赤穂浪士の「赤穂事件」。最後のひとつが伊賀上野（三重県伊賀市）で起きた「**鍵屋の辻の戦い**」だ。

岡山藩士の渡辺数馬が弟の仇を倒したこの戦いが三大仇討ちに数えられたのは、助っ人の侍がひとりで36人の武士を倒した伝説があるからだ。

事の始まりは、岡山藩士の河合又五郎が藩主の小姓・渡辺源太夫《げんだゆう》を殺害したことにある。源太夫の美貌に惚れた又五郎は男色の関係を迫ったが、拒否されたことに逆上して殺害。主君の小姓を殺した又五郎は咎めを避けるため、藩を脱走して江戸の旗本・久世三四郎《くぜさんしろう》らに助けを求めた。

岡山藩主・池田忠雄は又五郎の引渡しを求めたが、その最中に天然痘で病没。藩の要請を受け入れ、幕府は又五郎の江戸追放と又五郎に味方した旗本たちの寺入りを決定するも、小姓の兄・渡辺数馬は納得できなかった。「必ず又五郎を討て」という藩主の遺言に従い、藩を飛び出したのである。

ここで助っ人となったのが、荒木又右衛門だった。又右衛門は数馬の姉を妻とし、柳生新陰流《やぎゅうしんかげりゅう》の使い手として郡山藩の剣術指南役となった凄腕の剣豪だ。

義弟の頼みを受けた又右衛門は、郡山藩を脱藩して又五郎の行方を追った。寛文11年（1634）11月6日に潜伏先の奈良から移動する情報を掴むと、襲撃を計画。伊賀上野の鍵屋の辻にて迎え撃った。数馬側は4人だけだったが、又右衛門が36人を切り倒す奮闘を見せた甲斐もあり、数馬は又五郎を討ち取ったのである。

ただ、この「三十六人斬り」はあくまでも伝説である。まず、**鍵屋の辻で又五郎を護衛したのは11人**。つまり、又五郎一派は36人よりもずっと少なかった。それにこの11人に正面から戦いを挑んだというのも誤りだ。又右衛門らより人数が多いし、みなは武器を持っていた。剣術家の河合甚

現在の鍵屋の辻

左衛門や槍の名手の桜井半兵衛のような手練も多数おり、正攻法ではまず勝てない相手だ。そこで又右衛門たちは、正面から戦うことを避けた。つまりは奇襲だ。

又右衛門たちは二人一組に分かれて鍵屋の辻に潜み、そして又五郎らがきたところで挟み撃ちにした。戦闘は3時間に及び、又右衛門たちは1人が死亡、又右衛門本人も負傷したが、又五郎を含む4人の殺害に成功。もちろん又五郎を殺したのは数馬である。

このなかで、**又右衛門が確実に倒したといえるのは、奇襲時に斬った河合甚左衛門のみ。重傷を負わせた者を含めても2人だった。**多勢に無勢の中で健闘したのは間違いないが、通説のような大活躍はなかったといえる。

しかし、鍵屋の辻の戦いが当時から有名となり、庶民の話題となったのは事実である。これが芝居の題材にされ、又右衛門の活躍が徐々に誇張されていった結果、最終的には36人もの侍を倒したことになったのだ。

# 26

# 明暦の大火が本妙寺から起こったというのはウソ

**通説**

「明暦《めいれき》の大火《たいか》」は、江戸時代最大級の火災だ。江戸の大部分に広がった炎は、江戸城の天守閣まで焼き尽くした。焼死者は10万人を超えたという。出火原因は諸説あるが、火元は本郷にあった本《ほん》妙《みょう》寺《じ》だと考えられている。この本妙寺で、いわくつきの振袖《ふりそで》を供養のために焼くと火が燃え広がったという伝説から、「振袖火事」とも呼ばれている。

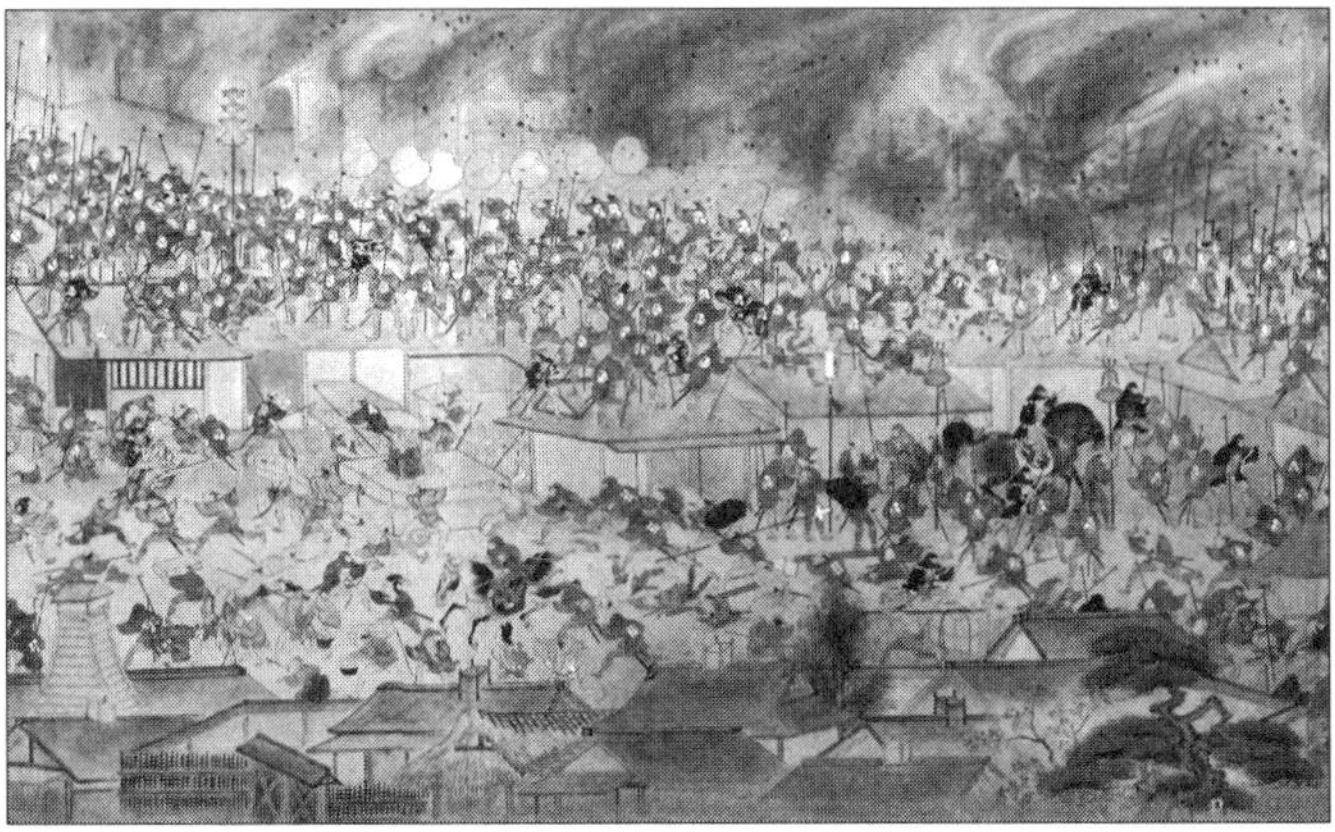

明暦の大火を描いた絵巻（「江戸火事図巻」部分／江戸東京博物館所蔵）

真相

本妙寺が何のお咎めも受けず、早々に再建を許されていることから、火元は別にあった可能性がある。この本妙寺に阿部家が大正時代まで献金を続けたことなどから、**阿部の罪を本妙寺が被ったとも考えられている。**

## 無実であった本妙寺

江戸の人々が恐れたもの。そのひとつが、火事である。江戸は建物のほぼ100％が木造で密集して建っており、しかも冬は乾燥して強い風が吹いていた。そのため条件が重なれば、一回の失火で町全体に火が燃え広がることもあった。そうした大火で最も被害の大きかったのが、明暦3年（1657）に起きた明暦の大火である。

1月18日の昼頃に本郷丸山（文京区）で上がった火の手は、瞬く間に江戸全域へと拡大。自然に鎮火するまで江戸の約6割が焼失してしまった。犠牲者数は最大10万人、最低でも数万人規模に及んだという。

この大火災の原因は、今もよくわかっていない。江戸時代には恋煩いで命を落とした少女の振袖を供養しようとしたところ火が広がったという説が広まり、それ以降も不逞浪人が放火したという説、幕府が都市開発を目的に火をつけたという陰謀説など、さまざまな原因が考えられてきた。

ただ、原因は異なるものの、このいずれの仮説にも共通している点がある。それは、本妙寺が出火元だということだ。本郷丸山にあった寺院で、寺側も否定しなかったことから、出火元は本妙寺で間違いないと考えられてきた。

しかし、この寺が出火元だとすると、不自然なことがある。罰が異様に軽いのだ。

江戸時代において、放火は最悪の犯罪に位置づけられていた。下手人は確実に処刑される重犯罪で、失火であっても厳罰に処されるのが常識。それは神社仏閣も例外ではない。約1万4700人の焼死者を出した「明和の大火」（1772）では、火元となった大円寺も被害者であるにもかかわらず、再建が70年以上許されなかった。

それに対して本妙寺は、なんとお咎めなしだった。それどころか、鎮火後すぐに復興が許されると、数年後に再建され、大火の10年後には、幕府と宗派の寺院を取り次ぐ触頭《ふれがしら》に抜擢されている。

もう一つ不自然なのは、**当時の老中・阿部忠秋《ただあき》が、供養料という名目で多量の米を本妙寺に送っていた**点だ。忠秋一代ならいざしらず、忠秋死後も阿部家の寄付は続き、この関係は関東大震災

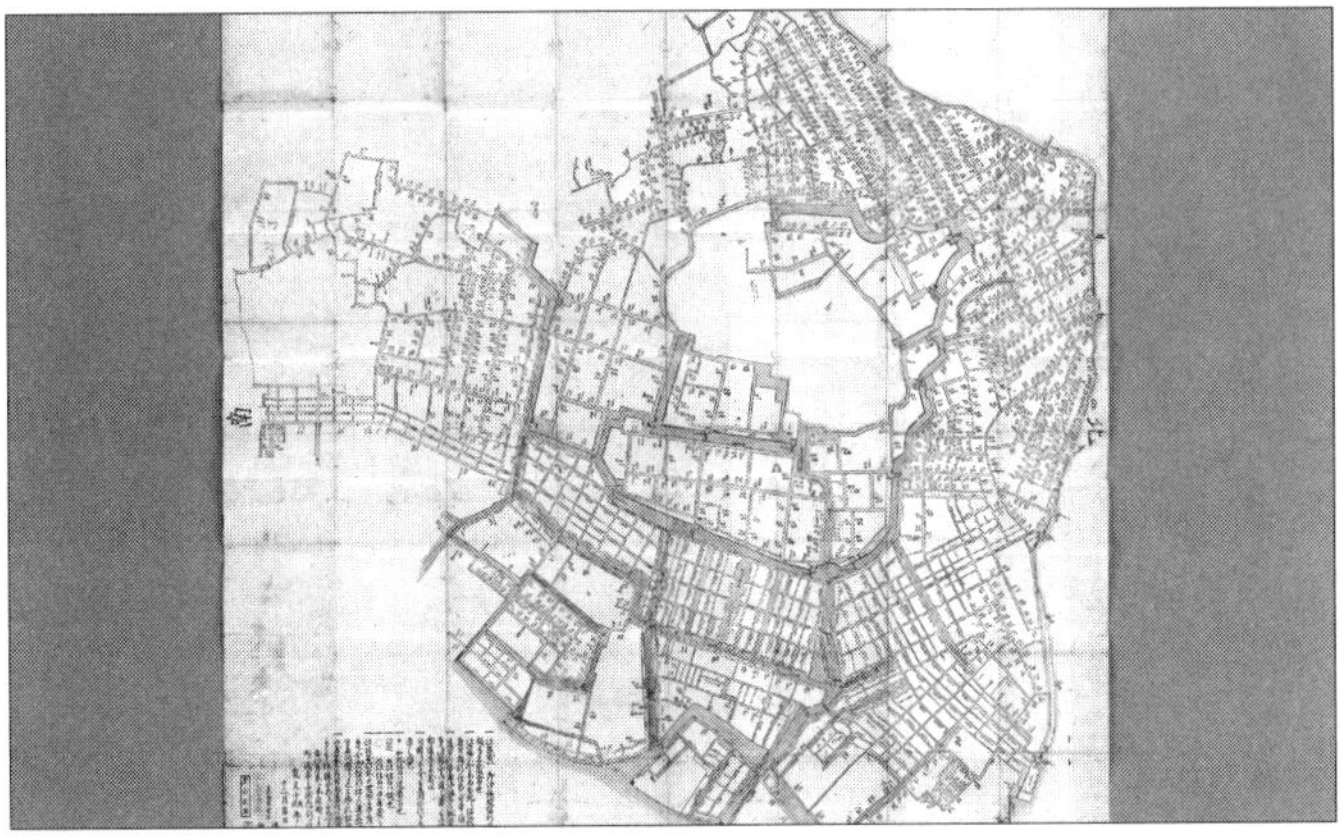

大火後に都市復興のために作成された江戸の絵図。オランダから伝えられた当時最新鋭の技術を使って測量された（「新板江戸大絵図」国会図書館所蔵）

のあった大正12年（１９２３）まで続いた。なんと２７０年近い期間である。

なぜ幕府は火元の本妙寺を特別扱いし、阿部家は寄付をし続けたのか。実は**本妙寺の近所には、忠秋の屋敷があった**。幕府と阿部の対応を鑑みると、ここから火の手が上がったと考えるのが自然だろう。しかし老中の屋敷から大火災が発生したと知られたら、幕府の責任問題に発展しかねない。当時は不逞浪士が増加し、１０４ページで紹介したクーデター未遂事件の余韻が冷めやらぬ不安定な時期だった。ここで幕府の権威が失墜すれば争いの火種がどこに飛ぶかわからない。そこで、屋敷の風下に位置した本妙寺に罪を被ってもらったのだろう。

物的証拠はなく、通説を覆すまでには至っていないものの、根拠に乏しい他説と比べれば、説得力はある。今後は評価が変わっていく可能性も、十分考えられる。

# 27 天明の飢饉が天災だったというのはウソ

通説

江戸時代三大飢饉のひとつとして知られる「天明の飢饉」。浅間山の噴火や数年規模の天候不順によって日本は記録的な不作に陥り、全国で飢饉が発生した。なかでも東北地方は著しい被害を受け、餓死者が多発。木の根や犬の肉すら食いつくすほどの地獄絵図だったという。この大災害での死者は、東北だけで約30万人に及んだと伝えられている。

幕府や諸藩は飢饉によって困窮した人々への救済案を出したが、支援の手が広く届かず、被害拡大を食い止められなかった（『凶荒図録』部分／国立公文書館所蔵）

## 真相

天明の飢饉は異常気象と火山噴火がきっかけだが、**深刻化した原因は、幕府や諸藩の不手際にある。**冷害に弱い作物の栽培を奨励したり、備蓄米《びちくまい》を切り崩したりしたことで被災者を飢え死にさせてしまったのだ。

### 人災だった最大級の飢饉

災害被害の規模は、事前・事後の対策によって大きく変わってくる。備えは万全か、防災知識は浸透しているか、災害発生後に被災地へ適切な救援を行ったか――。同じ規模の災害であっても、対応が適切であれば被害を抑えられるが、逆に対応を誤れば深刻な事態になる。これは現代でも、そして過去の災害にも当てはまる。天明年間（１７８１〜１７８９）に起きた「天明の飢饉」も、実は幕府の不手際が重なり甚大化した災害だった。

天明年間は、全国の農家が天候不順で苦しんだ時期である。天明3年（1783）に浅間山が噴火すると、農家への被害はさらに拡大。火山灰は江戸にまで撒き散り、農作物に悪影響を与えた。さらには火砕流によって利根川流域の地形が変化し、水害が多発。記録的な冷害や水害が頻発し、大凶作が数年規模で続いた。特に東北地方の被害は甚大で、犬の肉や木の根はおろか、人の死体すら食らうほどの惨状があちこちの農村でみられたという。餓死者数は諸説あるが、弘前藩（青森県）だけで約10万人、東北地方では最大約30万人に及ぶという説があり、大勢の人間が飢え死にした。

ただ、幕府や諸藩の対応がもう少し違っていれば、事態はここまで深刻化しなかった可能性がある。東北諸藩は財政改善のために米の栽培を奨励していたが、当時の稲は寒さに弱く、東北の環境には適していなかった。しかも、江戸時代の気候は小氷河時代に分類され、現代よりも2～3度気温が低かったため、冷害が起こると被害が大きくなりやすかった。

もちろん、対策が何もなかったわけではない。幕府と諸藩は緊急時に備えて備蓄米を用意し、いざというときに農民を救済できるようにしていた。しかし、**財政難にあえぐ東北諸藩は長くこの備蓄米を切り崩して借金返済にあてており、実質的に災害への備えを放棄していた**。しかも災害が起きても切り崩しをやめようとせず、年貢を免除しようともしなかったことで、被害が拡大してしまったのだ。

幕府も飢饉に対処しようとしたが、人馬主体の輸送体制では、迅速な食料輸送が難しかった。ま

浅間山噴火を描いた図。幕府と諸藩は災害後の対応を見誤り、被害を拡大させた（「浅間山焼」国立公文書館所蔵）

た、米を買い占める商人が続出して米価が暴騰したことにも頭を悩ませた。

**この難しい状況で政治の舵取りを誤ったのが、老中の田沼意次だ**。田沼は規制を撤廃することで、流通が活性化して被災地へ安価な米が届くと考えた。しかし、規制撤廃によって大勢の米商人が新規参入したことで、市場は混乱。しかも商人は禁令を無視して米を囲い込んだために米価はさらに暴騰し、江戸の庶民でさえ米を買いにくくなってしまった。さらには地方からの避難民が江戸に流入し、市中の治安が急激に悪化。暴動や打ち壊しが頻発する大混乱に陥った。

飢饉は18世紀後半から終息していくが、東北では廃村となった村々も多かった。道が餓死者で敷き詰められる惨状が多々見られ、復興まではかなりの労力がかかったという。田沼もこの失策によって実権を失うなど、天明の飢饉は江戸社会に大きな傷跡を残したのである。

# 28

# 大塩平八郎が庶民救済第一に反乱を起こしたというのはウソ

**通説**

大坂の与力・大塩平八郎が、幕府に対して兵を挙げた「大塩平八郎の乱」。きっかけは、天保4年（1833）にはじまった天保の飢饉で苦しむ庶民を、幕府がないがしろにしたことにある。幕府が地方から江戸へ大量の米をかき集めたことで、大坂は餓死者が出るほどの食糧難に陥っていた。そこで平八郎は、餓える人々を救うべく挙兵したのだ。反乱は1日で鎮圧されたが、平八郎に感銘を受けた人々による一揆が各地で続発し、幕府に大きな衝撃を与えたのだった。

幕府に対して挙兵した大塩平八郎

**真相**

平八郎が庶民のために挙兵したというのは口実で、**真意は意見を聞き入れない役人たちへの鬱憤を晴らすことにあった**。プライドが高い性格で、奉行所を引退していた自分が無下に扱われたことに、我慢がならなかったのである。

**民衆のヒーロー、その真実**

大塩平八郎といえば、民のために立ち上がった正義の役人として有名だ。時は天保8年（1837）、世の中は飢饉によって大混乱に陥っていた。幕府は江戸の救援を重視したあまり、地方の食糧難は加速。大都市である大坂ですら餓死者が続出したが、商人は米を買い占め、役人は庶民のために備えを分け与えることもなかった。2月19日、大坂町奉行所の与力だった平八郎は失望し、ついに幕府に対して挙兵した。反乱は1日で鎮圧されたが、庶民を救うために立ち上がった平八郎の名声は、現在でも高い。

しかし、大塩平八郎が正義感あふれる人物だったのは事実だが、反乱を決意したのは、自分の意見が受け入れられないことに腹が立ったからでもあった。

平八郎は奉行の高井実徳の後ろ盾を得て奉行所の腐敗撲滅に励んでいたが、不正をはたらく役人のなかには平八郎を疎んじる者もいた。そんな中で天明の飢饉が起こると、正義感の強い平八郎は奉行に救済案を提出したが、奉行は高井に代わって跡部良弼《あとべよしすけ》が就いていた。すると、新奉行の跡部は平八郎の救済案を受け入れず、それどころか「立場をわきまえよ」とつき返したという。

これでは不正役人の権力に潰されたように見えるが、実はこのとき**平八郎は既に隠居の身**であった。文政13年（1830）に高井が辞任すると、大塩もそれに付き従ったのだ。当時の常識では、隠居した役人が仕事に口を挟むのは、歓迎されることではなかった。現役役人を通した意見ならまだしも、直接届けられたら、跡部もいい気はしないだろう。

それに町奉行所は不十分ながら、飢饉への対策を講じていた。買い占め禁止令の発布や備蓄米の格安払い下げ、米商人への備蓄開放要求などの救済処置を行っていたのだ。江戸への廻米は幕府の命令に従ったに過ぎない。餓死者を出すという失策を犯したが、幕命に逆らって平八郎の意見を認めることは、簡単ではなかっただろう。

大塩平八郎を顕彰する石碑

また、平八郎は正義感が強い一方、プライドが非常に高く、陽明学の名士にたしなめられるほど短気でもあった。そんな人物が献策を拒否され続ければ、町奉行所への苛立ちを募らせることは、想像に難くない。

私財を投げ打って庶民を救済し、豪商・鴻池幸実への借金の持ちかけは跡部の横やりで失敗。跡部からすれば、自分たちに任せろということだろうが、平八郎はこれをきっかけに決起を計画するようになった。

その後、平八郎と弟子40人は兵を挙げると、民が次々と加わって反乱軍は３００人にまで膨れ上がったが、結局は鎮圧されてしまう。

それでも、人伝いに平八郎の反乱が語り継がれたことで、一揆が全国に波及。幕府は改革に乗り出すしかなくなった。

仮に私憤に端を発する反乱だったとしても、大塩平八郎によって歴史が動かされたことだけは確かである。

木綿問屋街として有名だった大伝馬町。大丸屋や白木屋などの大店が軒を連ねた。なかには財力を武器に武士をはるかにしのぐ勢力を築く者もいた（歌川広重「東都大伝馬街繁栄之図」部分／国会図書館所蔵）

第四章

# 制度にまつわるウソ

# 29

# 江戸は家康が開拓するまで未開の地だったというのはウソ

通説

戦国時代末期まで、江戸は小規模の集落に過ぎなかった。それが大都市になったのは、徳川家康による都市計画が実を結んだからだ。豊臣家の命令で江戸入りした家康は、江戸の土地の将来性を見越してインフラ整備に着手。秀吉の死後に工事は本格化し、江戸はわずか30年ほどで大都市に急成長した。家康の先見性がなければ、江戸はただの地方集落として終わっていただろう。

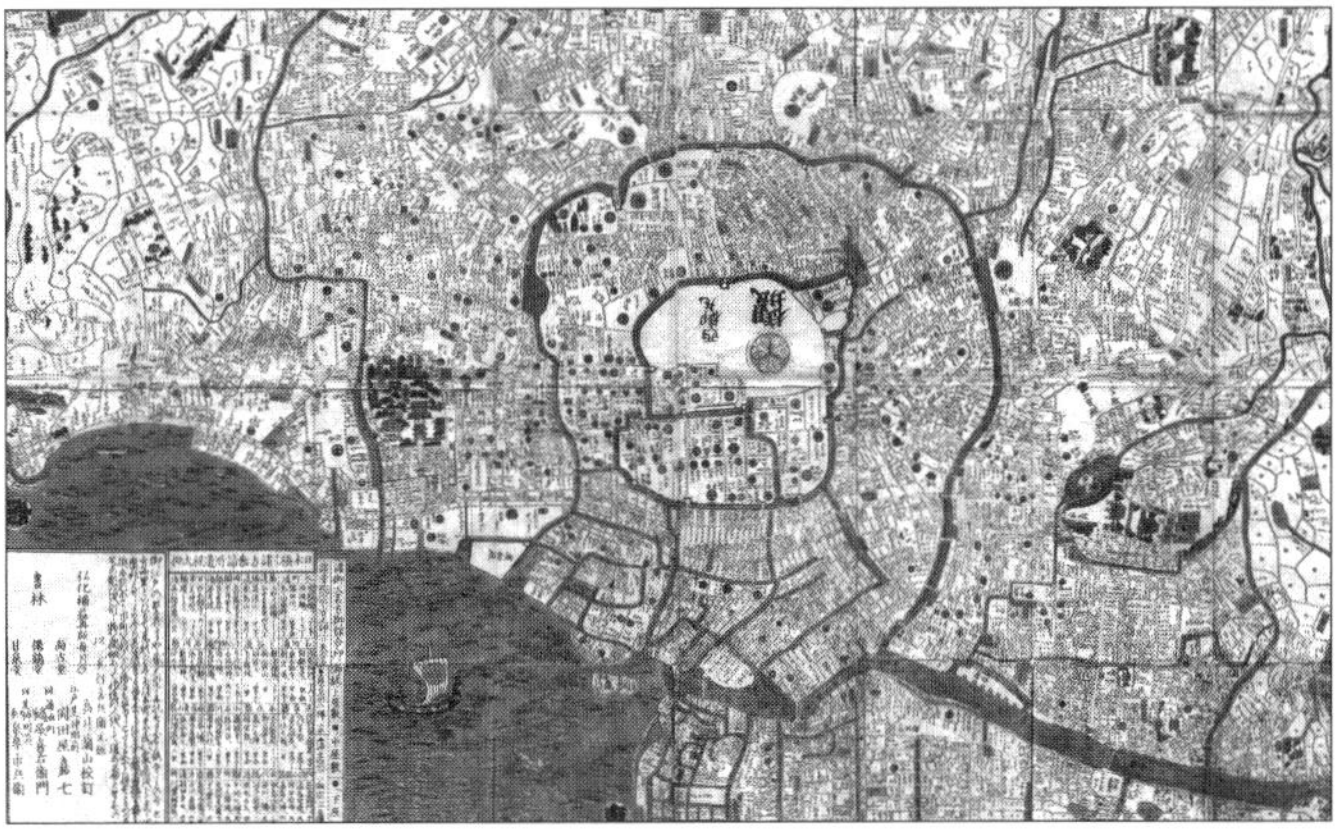

19世紀半ばに描かれた江戸図。水道網の整備や都市設計は幕府によるものだが、家康入府前も関東の港湾都市として栄えていた

## 真相

戦国時代以前の江戸は大都市ではなかったが、**東国水運の重要地として関東諸将に重要視されていた**。家康が江戸を大発展させられたのも、東国大名による下地作りがあってこそだった。

### 徳川政権下以前の江戸事情

「徳川家康が統治する前の江戸は、辺鄙《へんぴ》な寒村だった」そんな風に語られることが多い。

天正《てんしょう》18年（1590）、関東の後北条氏を降伏させた豊臣秀吉は、その旧領である関八州《かんはっしゅう》への転封を、徳川家康に命じた。この関東での本拠地とするよう命じたのが、江戸だった。これによって家康は秀吉の直轄領を超える領地を手にしたが、与えられた土地は農耕には適さず、しかも元の領地である東海五国は秀吉に没収されてしまった。秀吉が家康の勢力を削《そ》ごうとしたのは、誰が見ても明らかだった。

当時の江戸は約100戸の寒村でしかなく、江戸城は廃城同然の有様だったという。しかしそんな逆境のなか、家康は江戸の水運に注目してインフラ整備を行い、江戸を巨大都市へと発展させることに成功。関東諸将が気づけなかった江戸の利点を、恐るべき卓見をもって見抜いたのだ。

まさに天下人の面目躍如と言いたいところだが、江戸の発展の功績が家康だけにあるかといえば、そうではない。そもそも、江戸が寒村だったという記録は、家康の家臣や家康への神格化が進んだのちの書籍から見られるようになったもので、**幕府の功績を強調するために誇張した**と考えられる。実際には江戸は過疎村ではなく、東国水運の重要地点だったことが明らかになったからだ。

江戸の名称が初めて登場する史料は、鎌倉時代の歴史書『吾妻鏡《あずまかがみ》』である。源氏軍を追撃する平家の武将として、「江戸重長《えどしげなが》」の名が記されている。当時の江戸を支配した秩父平氏《ちちぶへいし》の一派である。室町時代の『義経記《ぎけいき》』には、源氏に寝返った重長が、浅草に停泊中の西国船舶数千隻で隅田川に橋を作って味方の渡河を助けたと記されている。

この記述で注目すべきは、**当時の浅草が東国海運の拠点として描写されている**点だ。同じように品川も、水運の重要地点として描かれている。『義経記《ぎけいき》』は創作物だが、登場人物や自然描写はおおむね事実に基づいている。つまり、江戸は水運の中継点として、重要な位置を占めていたと考えられるのである。

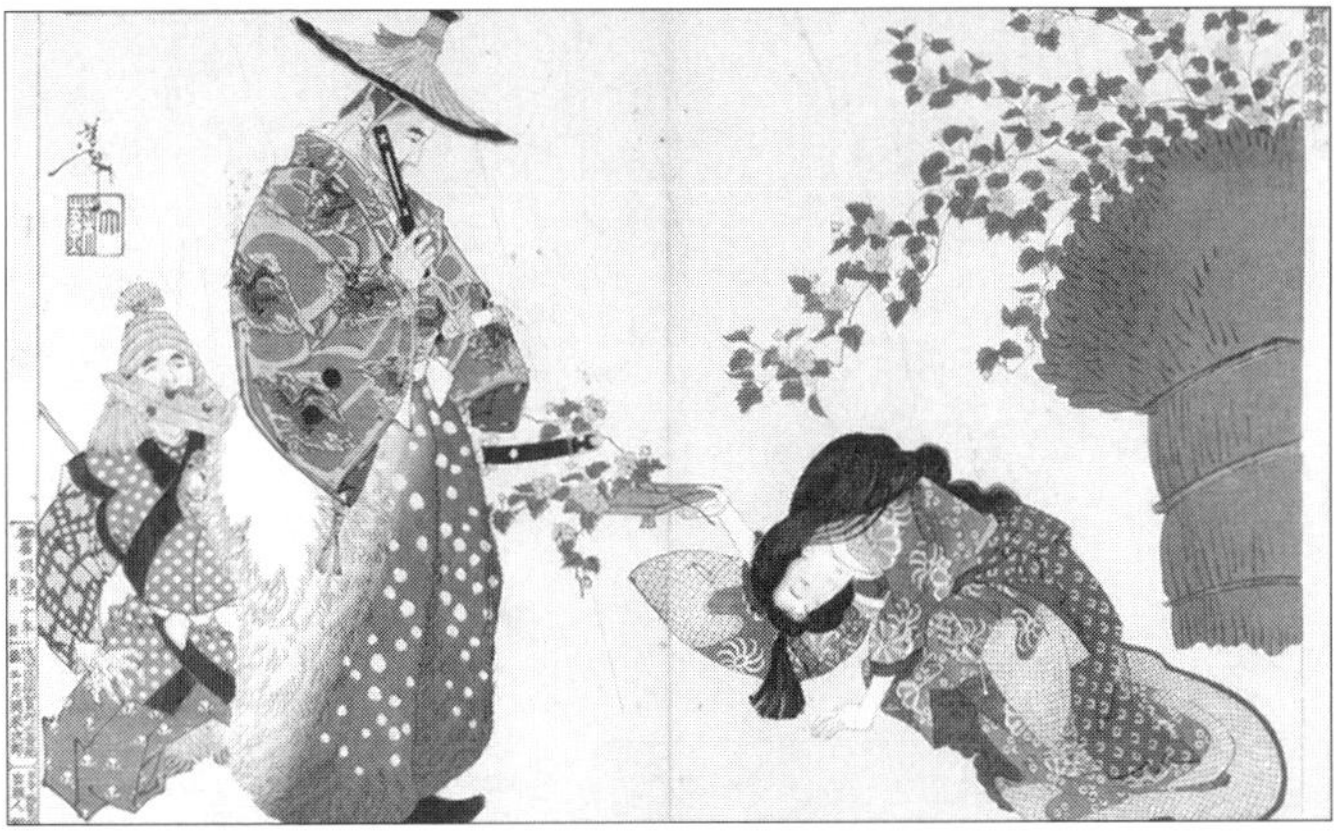

江戸城を築いた太田道灌を描いた錦絵（月岡芳年「新撰東錦絵　太田道灌初テ歌道ニ志ス図」）

江戸一族は室町時代中期に衰退するが、江戸入りした扇谷《おうぎがやつ》上杉氏の家臣・**太田《おおた》道灌《どうかん》**が、長禄《ちょうろく》元年（１４５７）に中世式の城郭を建築した。これがのちの江戸城である。道灌の統治下で、江戸は一度目の黄金期を迎えることとなる。京都・鎌倉五山の長老たちが執筆した詩文によれば、**太田時代の江戸は関東の中心地として商船や漁船で賑わい、江戸湊《みなと》には全国の物資が集まっていた**という。

16世紀前半に後北条家へ支配権が移ると通説のような寒村になったとされてきたが、『円覚寺文書《えんがくじもんじょ》』によると、事情は異なるようだ。後北条家の統治下でも、伊勢方面と鎌倉・江戸の海運は活発なままで、相当数の西国商人が渡ったことが判明している。

それに家康も江戸入り前から現地調査を何度か行い、人やモノの動きが活発だったことを認識していた。家康の都市開発がうまくいったのも、数百年も海運拠点として発展してきた下地があってこそだったのだ。

# 30
# 江戸は100万人規模の大都市だったというのはウソ

**通説**

江戸は幕府の本拠地にして日本最大の都市だった。徳川家康が始めた江戸開発は寛永年間に一段落ついたが、大火で江戸市中の多くが被害に遭ったことをきっかけに、大規模な再開発が展開。市域はさらに拡大する。江戸には1600以上の町が作られ、そこに住まう市民の数は、約100万人。当時の世界の各都市と比較しても最大級の人口密度に達した。こうして、百万都市江戸が誕生したのである。

日本橋の朝市。魚市場のほか、芝居町、吉原も一時は日本橋にあり、一日中多くの人で賑わった（歌川国安「日本橋魚市繁栄図」部分／国会図書館所蔵）

## 真相

江戸幕府は武士の人口調査をまともに行うことがなく、**江戸全体の正確な人口はいまだに不明のまま**である。２００万人から３００万人と言われたこともあるが、多すぎるとして別説が出されるようになった。だが、いずれも推測にとどまっており、本当に１００万人を超えていたかはわかっていない。

### 不明確な江戸の総人口

江戸は、徳川三代によるインフラ開発によって、大きく発展した。明暦の大火によって江戸城をはじめ、市域の多くが被害に遭ったが、幕府はこれを教訓に再生事業に着手。域内を拡大させたことで、江戸は日本最大の都市に生まれ変わった。

約63平方キロメートルの市域は日本一。町数は、

1800年代になる頃には1600を超え、武士と庶民を合計した住民の総数は、100万人を超えたとされる。1800年頃のロンドンが人口約86万人だったことを鑑みると、江戸の人口は突出しているように見える。しかし、この100万人という数字は、なんと何の根拠もないのだ。

江戸の人口調査がはじめて行われたのは、享保6年（1721）のこと。11月に出された統計から、町人の人口は50万人に達していたことがわかる。江戸町奉行所の管轄外にあった浮浪者や無宿人を合わせると、もう8万人ほどは増えたと考えられている。

その後の調査結果を見ると、町人人口は50万人台を維持したことがわかっている。しかし、江戸は武士の街であるにもかかわらず、**武士人口はわかっていない**のである。

享保9年（1724）に行われた試算では5万3865人という数字が出たが、これではあまりに少ない。約90年後に平戸藩主・松浦静山が江戸人口を計算したときには2億3658万人の武士がいるという結果が出ているが、これは逆に多すぎて信用できるとは言い難い。これらは極端な例だが、江戸の武士人口については信頼できる史料がなく、人数は現在でもわからないままだ。

なぜ武士の数がわからないのか。それは、**参勤交代などで武士が激しく出入りして、計算が極めて難しかった**からだだろう。また、江戸の武士は幕府や諸藩にとって軍事力でもあるので、**防衛上の観点からあえてデタラメな数字しか出さなかった可能性もある**。

いずれにせよ、武士の正確な人口はわからないため、江戸の総人口も推測するよりほかにない。

霞ヶ関の大名屋敷を描いた錦絵。江戸の各藩邸には多くの武士が集まったが、正確な武士人口は不明（歌川広重「江戸名所　霞ヶ関之景」）

明治初期には３００万人説が通説となっていたが、元江戸鎮台判事の江藤新平はこれを疑問視し、２００万人説を提唱。大正時代にはそれすら多いとして、歴史地理学者の吉田東伍《とうご》らが１４０万人説を発表した。幕末の江戸には１４０万石ほどの米が入っていたので、一人あたり1石を消費するとして割り出した数字だ。

この説は江藤説より説得力があるため昭和初期まで通説となっていたが、これに待ったをかけた学者がいた。それが都市学者の今井登志喜《としき》である。１９３２年に発表した論文で、今井は江戸市域の狭い範囲に１４０万人も住んだとは考えにくいと考察。とはいえ具体的な人口まで言及するのは難しく、「**最も多い時期で１００万人を超したとするのが妥当**」という結論を出した。これが一人歩きをして「百万都市江戸」のイメージが広まったようだ。時期によっては、江戸は「八十万都市」や「七十万都市」であったかもしれない。

# 31 江戸時代は厳格な身分社会だったというのはウソ

通説

江戸時代の人々は、厳しい身分制度のなかで暮らしていた。武士と庶民は明確に区別されており、武士の家に生まれたら生涯武士、庶民の家に生まれれば武士の支配下で生きるしかない。そのような身分制度が、明治になるまで維持されたのである。

士農工商を描いた絵。江戸時代は武士が農工商の上に立つ身分社会だったが、商人や豪農が武士身分を得ることも可能だった（『士農工商梅咲分』国会図書館所蔵）

**真相**

江戸時代の身分制度は固定的ではなく、一定程度の流動性を持っていた。**武士の身分は売買可能**で、商人や豪農が武士身分を得ることは少なくなかった。また、武家であっても政治的・金銭的な理由から、商家や豪農に頭の上がらないケースは多かった。

## 流動性が高かった江戸の身分

身分社会と聞くと、為政者である武士層が庶民の上に立つと想像する人もいるだろう。だが、実態は少々異なる。武士であっても、豊かな暮らしができるのは一部の上級武士のみである。下級武士のなかには生活に困り、商人に借金をする者が多かった。

また、大名は豊かな暮らしを送ったが、藩財政が苦しく商人に多額の借金をしていた。江戸時代後期にはそれが顕著になり、豪商の娘を嫁に迎えて負債を帳消しにしてもらうことすらあった。当然ながら、商人の力は時代を追うごとに強くなったが、幕府はその勢いを止めることができなかった。

また、地元有力者として政治的・経済的影響力の大きい豪農も、日本各地にはいた。旧後北条家の家臣団の末裔が庄屋・名主となった伊豆半島のように、地元有力者の権力が強い地域では、有力百姓に配慮しなければ安定した領国経営はできなかったほどだ。

こうした逆転現象が起こると、大商人や豪農のなかには、武士の地位を手にする者も現れるようになる。実は、身分社会である江戸時代であっても、庶民が合法的に武士となる道が大きくふたつあった。ひとつは、治水工事などで多大な功績を残して**幕府に褒美として身分をもらう**道である。大久保藩の家老服部家の財政再建に成功した二宮尊徳《にのみやそんとく》（金次郎）が、その代表例だ。そしてもうひとつが、**金銭で身分を購入する**方法である。

意外にも、武士身分の売買は、制度として確立した合法的な手段だった。幕府や諸藩の下級武士が、生活苦で武士身分を売ったり、男子の生まれない地方大名が、持参金と引換えに有力農民や商人を養子にすることが珍しくなかったのである。

では、どのような人物が金の力で武士となったのか？　有名なのは、『南総里見八犬伝』の作者・曲亭馬琴《きょくていばきん》である。馬琴は元々、旗本の家に生まれた武士だった。商人として働くことになると武士の名前を捨てたが、晩年に御家再興のため、御家人株《ごけにんかぶ》を200両で購入。これによって孫を武士

御家人株を買って孫を武士にした曲亭馬琴（左）と、先祖が御家人株を買った勝海舟（右）。馬琴は旗本出身ながら商人となったため、子孫が武士になることを強く望んでいた

にしている。このような、元武士が武士に戻るために御家人株を買うケースは少なくなかったようだ。

また、幕末に活躍した幕臣・勝海舟の家も元は武家ではなく金貸しを営んでいたが、曽祖父が御家人株を買ったことで武家となり、後に昇格して旗本身分となった。その勝の弟子である坂本龍馬の実家も元々は裕福な商家で、藩主に召し出されて下級武士となった経緯がある。

そもそも、**江戸時代は農民であっても、武士になることができた。足軽のような下級身分であれば、**城下町の警固役などとして、近郊農村から一代限りを条件に農民が武士身分に取り立てられたのだ。藩によっては世襲化に近い状態になるケースもあり、身分制度は一定程度の流動性があった。もしも通説のように江戸時代が固定的な身分社会であったら、幕末の動乱はまったく異なる歴史をたどったことだろう。

# 32

# 将軍は自由な生活を送っていたというのはウソ

**通説**

武家社会の最高権力者である将軍は、非常に恵まれた生活を営んでいた。身の回りの世話は家臣任せで、食事は上げ膳据え膳が常識。仕事を3時間ほどで終わらせると、あとは夜まで趣味や間食を楽しんだ。そのうえ夜になれば、大奥にいる女性と好きなように過ごすことができる。現代では考えられないような贅沢を、徳川将軍は堪能することができたのだ。

１月３日夜に江戸城で行われた新年初の謡曲の儀式。将軍は午後６時頃に着座することになっていた（楊洲周延「千代田之御表　御謡初」部分／国会図書館所蔵）

## 真相

将軍の生活は、厳密なスケジュールで管理されていた。仕事が夜まで長引くことがあり、自由な外出はままならない。睡眠以外は付き人がいるのが当たり前で、大奥でも決まりごとが多い。**自由もプライバシーもない生活を過ごし、窮屈な思いをする将軍は多かった。**

### 自由のない徳川将軍

王様や殿様は、自由で豊かな生活を過ごしていると思われがちだ。江戸幕府の将軍ともなれば、さぞ優雅な日常を送ったのだろう、と羨む向きもあるかもしれない。しかし実際に将軍の生活をしてみれば、数日で音《ね》を上げる人は多いに違いない。徳川の将軍は、優雅とは程遠い、質素で窮屈な生活を強いられていたからだ。

まず、将軍の一日は午前6時頃の起床で始まる。寝坊はご法度だが、早起きも喜ばれなかった。**将軍の起床は幕府のスケジュールに組み込まれており、早く起きられては予定が狂ってしまう**のだ。

起床後は小姓が「もう！　もう！」と城内に将軍の目覚めを知らせる。将軍は小納戸役《こなんどやく》が用意したたらいで洗顔を済ませると午前8時頃に朝食を摂るが、これが大変に質素だった。倹約を尊んだ徳川家康に倣い、朝食は白米、汁物、漬物、縁起物のキスの塩焼きだけ。何度も毒見がされるので、食事はいつも冷めきっている。毒見は昼食夕食でも行われたため、原則として将軍は熱々の食事を食べられなかった。朝食時には小姓に髪を結われたので、落ち着かない食事だったに違いない。

朝食が済むと、次は医師の診断を受ける。続いて大奥の仏間で歴代将軍の位牌を拝み、女中らに「朝の総触れ」という御目見《おめみ》えをして、昼からの仕事に備える。

正午過ぎから始まる公務は、通常であれば3時間ほどで片がつく。大名との謁見や、重要事項の確認作業が主な仕事内容だ。日によって仕事量は異なるため、昼過ぎに仕事を終わらせることができれば、夜まで趣味や武芸を楽しむことは可能だった。14代家茂のように、当時としては珍しい長崎の南蛮菓子を食べる将軍もいた。しかし、仕事が多いときや非常時には、夜まで仕事が続くこともあったという。あとは午後5時頃から入浴、その後は夕食と続き、午後10時頃に就寝となる。事前に連絡をしていれば、大奥での寝泊まりも可能だった。

以上を見ると楽な生活にも思えるが、案外そんなことはないらしい。プライバシーがなかったこ

将軍の庭園・浜御庭での一幕。浜御庭は、厳密にスケジュール管理された将軍が息抜きできる、数少ない場所だった（楊洲周延「千代田之御表　浜御成」部分／国会図書館）

とで、将軍たちはかなりの気苦労を感じていたのだ。

誘拐や暗殺を防ぐため、将軍の周りには常に小姓や側近がいるのが普通だった。厠でも世話役が戸の前に待機し、風呂であっても着替えや体を洗うために小姓が一緒に入ることになっていた。これではゆっくり湯船につかることもできない。自由時間であっても城内から出られず、付き人が必ず付いて回った。

また、夜の生活にしても、一般的に思われているほど楽ではなかった。大奥の女中と夜を過ごせるといっても、終始二人きりになることはできない。**「御添寝《おそいね》役《やく》」という監視役が同室に入り、夜の様子や会話を一字一句記録していた**からだ。

これは、女中が将軍に取り入って不正を働かないよう見張るための仕組みである。将軍を政争から守るためとはいえ、これでは雰囲気もなにもあったものではない。まさに自由とは程遠い生活環境だったのだ。

# 33

# 江戸城大奥は男子禁制だったというのはウソ

**通説**

将軍の正室である御台所《みだいどころ》や側室、子女、奥女中を含め、将軍を取り囲む女性たちが生活をしていた空間。それが「大奥」だ。将軍の血筋を維持するため、大奥に入れるのは女性のみ。将軍以外は男子禁制で、禁を破ったものには死罪が言い渡された。

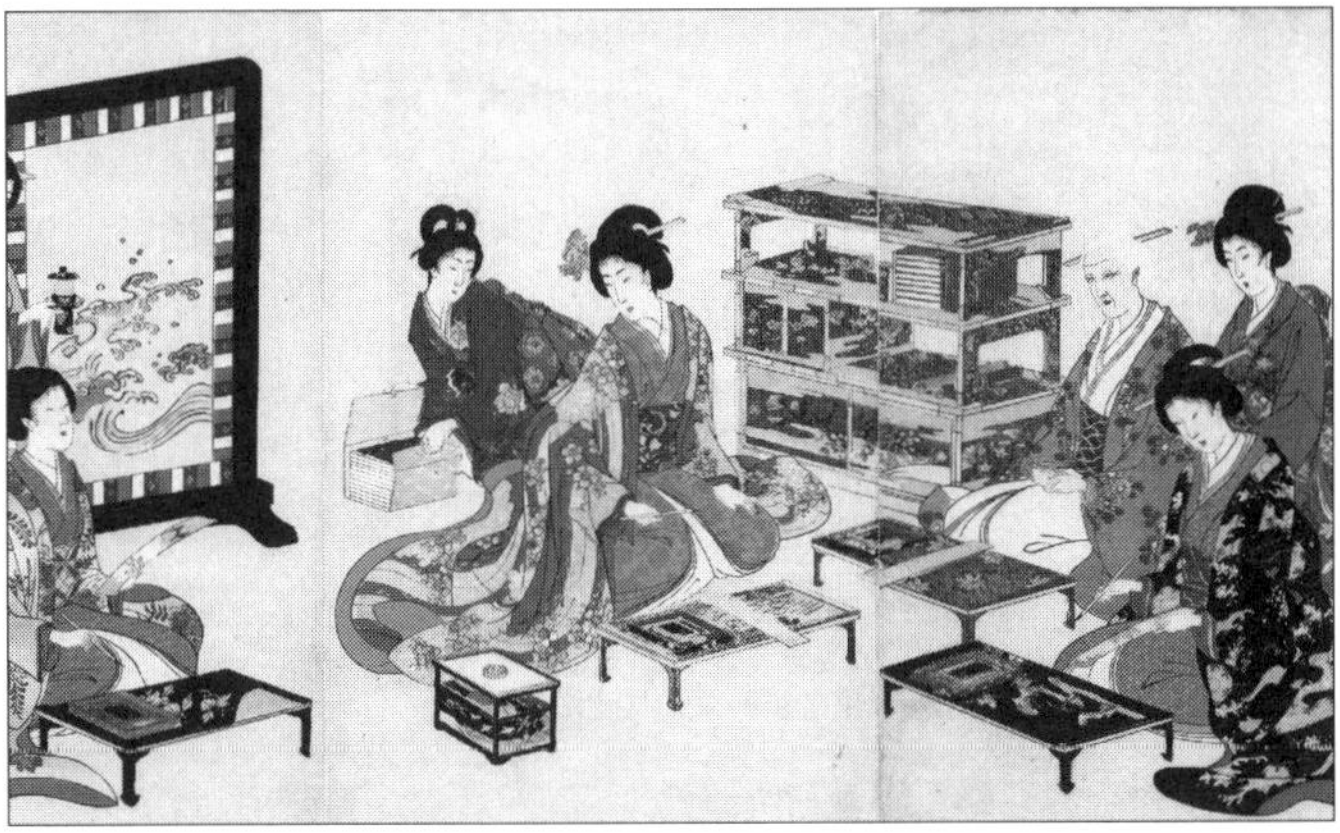

大奥における歌合の様子。お題にそって和歌を発表し合い、優劣を競い合った（楊洲周延「千代田之大奥　歌合」部分／国会図書館所蔵）

真相

**将軍以外の男性役人も、実は常時大奥に詰めていた。**

大奥の事務処理や警護にあたる役人たちである。さらには食料品などの生活物資を納入する商人や、奥女中に代わって城外の用を果たす男性使用人など、女性以外の人員も大奥では働いていた。

### 警備役人や広敷役人の憂鬱

大奥といえば、将軍を除いた男子禁制の女の園である。女性に興味を示さなかった3代家光を心配して、乳母の春日局《かすがのつぼね》がお世継ぎ対策として美女を集めたのが、始まりだ。江戸城本丸御殿の半分以上もの面積を占め、最盛期は女中数3000人の大所帯となった。

実際、大奥は男性の出入りを極力禁じ、厳然な階級社会で管理されていた。しかし、男性がまったくは入れないわけではなかった。大奥内部は「御殿向《ごてんむき》」「長局向《ながつぼねむき》」「広敷向《ひろしきむき》」の3つに分けられており、広敷向と、長局向と広敷向の境の「七ツ《なな》口《ぐち》」と呼ばれる空間は、男子禁制ではなかったのだ。

**男性が入ることを許されたのは、女性ばかりでは生活に支障をきたしたから**だ。たとえば病人の往診にしても、現在でこそ女性医師は珍しくはないが、当時の医師は男性が大半だ。そのため大奥には男性医師が詰めていた。また、力仕事や腕力を必要とするときも、男性が手伝うこともあった。

こうした男性の働き手を管理していたのも男性で、それが大奥を管轄する「御留守居役《おるすいやく》」という役人である。町奉行や勘定奉行という要職経験者が老齢になって就くケースが多かった。御留守居役の指示で、事務処理系である御広敷用人《おひろしきようにん》、警備監察系の広敷御用部屋吟味役《ひろしきごようべやぎんみやく》、広敷御用部屋書役《かきやく》のほか、大奥出入りの門を警備する御広敷番之頭《ばんのかしら》、広敷添番《そえばん》、広敷伊賀者《いがもの》などが、それぞれの任務を果たしていた。

とはいえ、数は圧倒的に女性が上回っており、**男性役人よりも御台所のほうが、発言力は遥かに大きかった**。

春日局が大奥を仕切っていた時代は、伊賀・甲賀の忍びが江戸城警備として召し抱えられていたが、彼らも大奥の仕組みに泣かされたようだ。大奥の内側警備担当になった伊賀者は、将軍以外男子禁制という体を守るため、「いないもの」として扱われた。女性たちに顔を見せないように動くのが鉄則で、後ろ向きで手を繋いで輪になり警護するなど、かなり無理な体勢を取らされた。さ

大奥の縁側から雪景色を眺める女性たち。雪合戦が開かれると、警備の忍びが標的にされてひどい目に遭ったという（楊洲周延「千代田之大奥　園中の雪」部分／国会図書館所蔵）

らに、冬は大奥恒例の雪合戦が開かれたが、女性たちは外に出ることができない鬱憤から、伊賀者たちに雪をぶつけて憂さ晴らしをしたという。雪をぶつけられても、顔を見せることも話すことも許されなかった伊賀者。耐え忍ぶしかなく、「雪が降ると伊賀者が泣く」という、気の毒なことわざまで残っている。

事務処理を務める御広敷用人は、外に出ることのない御台所の代わりに、大奥の経費を管理する仕事を引き受けていたが、こちらも激務だった。大奥本丸の買い物その他を全ての事務を処理するのはもちろん、奥女中たちの複雑な給与計算も仕事に含まれた。数百から数千人規模の事務処理を行うのは並みの苦労ではない。職務を見事勤め上げ、御台所から褒美を受けた御広敷用人もいたというが、**女性たちの勢いに押され、肩身狭く過ごした者のほうが多かった**ようだ。女の花園で働くのも、楽ではない。

# 34

# 御三家が将軍の血統を絶やさないためにつくられたというのはウソ

**通説**

将軍家の血筋を絶やさないよう、江戸幕府は家康の血をひく三家を特別視した。いわゆる「徳川御三家《ごさんけ》」である。家康の四男と九男を祖とする尾張藩、五男と十一男の水戸藩、十男の紀伊藩の御三家は、徳川宗家の血筋が途絶えたとき次の将軍を出す家格として別格の扱いを受けていた。徳川吉宗や慶喜も御三家の出身だ。このような血統断絶への備えがあったことも、江戸幕府が長続きした要因である。

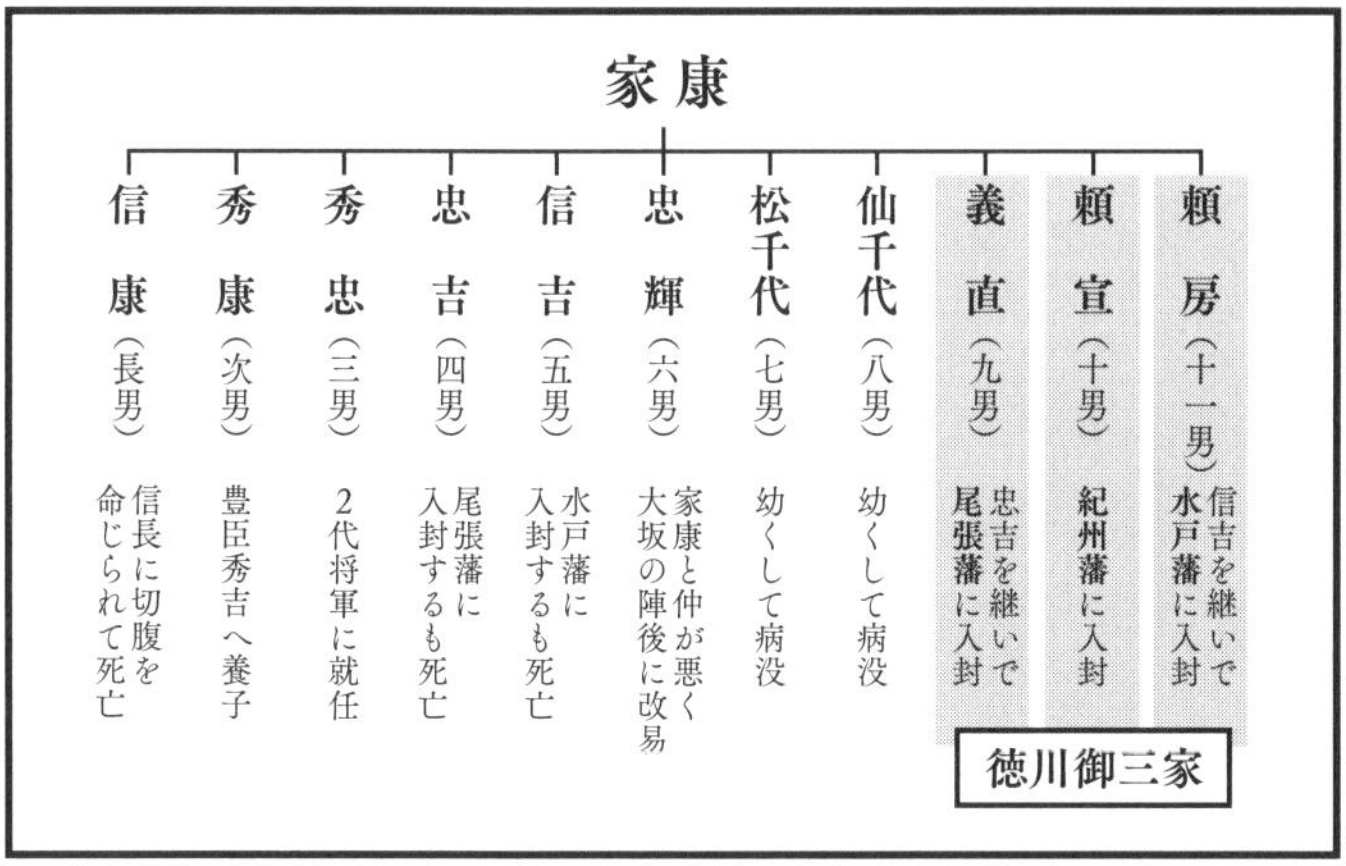


## 真相

御三家が成立したのは家康の死後で、**将軍候補を出すために選抜されたわけではない**。家康の子孫が断絶や遺領相続を繰り返した結果、たまたま残ったのがあの三藩だった。そのため御四家や御五家など、分家がもっと多かった時代も当然あった。

### 三家以外にもいた御三家候補

武家社会の悩みの種。それはお世継ぎ問題だ。男子が生まれれば家系は続くが、世継ぎがいないまま当主が死んでしまえば、御家は断絶となってしまう。それを免れるには親戚筋や希望者を養子とするしかなかったが、これではお家は存続できるものの、直系の血筋が途絶えてしまう。

こうした事態を避けるため、徳川将軍家は巧妙な仕組みをつくったとされてきた。宗家の断絶に備えて用意されたという、徳川家康直系の三つの分家。これが有名な御三家である。

構成は、尾張藩・水戸藩・紀伊藩の三藩。尾張藩は九男義直《よしなお》が兄から継承して生まれた。水戸藩、も十一男頼房《よりふさ》が兄を継いで入封した藩で、紀伊藩は十男頼宣《よりのぶ》が紀伊入りしてできた藩だ。これらは徳川宗家が断絶の危機に陥ったときに、代わりの将軍家を出す御三家として別格扱いされてきた。このように理解している人は多いだろう。

確かに、徳川宗家の血筋が絶えると、紀伊藩からは徳川吉宗と家茂《いえもち》が将軍として選出され、水戸藩出身の慶喜も将軍となった（正確には養子となっていた御三卿《ごさんきょう》の一橋家から選出）。だが、この三藩は特別な理由があって選ばれたわけではない。

尾張藩と水戸藩が誕生した経緯からわかるように、家康の息子には病死者が多い。四男五男は跡継ぎがいないまま病死、七男八男も早世して血筋が絶たれている。残る六男忠輝《ただてる》は早世しなかったが、大坂の陣における命令違反で改易されている。次男秀康の家系も、豊臣秀吉の養子となった関係で後継者候補から外されていた。要は、**ほかの徳川家が滅んで結果的に残ったのが、尾張・紀伊・水戸藩の徳川家だっただけ**なのだ。

それに徳川の血を引く特別な藩なら、この御三家以外にも存在していた。家光の時代には徳川の血を引く四番目の藩があり、それこそが、家光の弟忠長が藩主を務めた駿河藩だ。

御三家よりも格式が高いとされた駿河藩の徳川忠長（左）。３代家光の子綱重（右）の甲府藩は御三家に次ぐ格式の家として遇せられた

忠長は55万石という広大な領地を治め、冠位は水戸光圀を上回る大納言、しかも将軍の兄弟である。そのため、御三家よりも家格が高いとされていた。

その後、忠長は改易されてしまったので駿河藩は「御四家」の座を追われたが、4代家綱の時代にも、徳川家の血を引く家格の高い家はあった。家光の三男綱重の甲府藩、四男綱吉の館林藩も御三家に次ぐ家格として扱われ、**御五家体制となっていた**のだ。当然、将軍の後継者もこのなかから選ばれており、家綱急死後に5代将軍となったのは館林藩の綱吉で、6代将軍も甲府藩主・綱重の嫡子家宣だった。

ただ、後に甲府藩は幕府の直轄領となり、館林藩は血筋断絶後に他家が入ったことで、三藩だけが徳川宗家の血筋の近い家格として残った。そして嫡子が生まれなかった5代綱吉の時代になると、御三家が現在のような位置づけに収まったのである。

# 35

# 大名行列が整然とした行列だったというのはウソ

**通説**

参勤交代の名物として、江戸の庶民が楽しみにしていたもの。それが大名行列だ。大名は藩の威信を誇示するため、数千人規模の行列をつくって江戸までの道のりを厳かに進んだ。道中の庶民は土下座を義務付けられ、風雨のなかでも行列が通り過ぎるまで、頭をあげることは許されなかった。

大名行列を描いた錦絵（「温故東の花第四篇旧諸侯参勤御入府之図」部分／国会図書館所蔵）

真相

慢性的な財政不足により、**一部の大藩を除いて諸藩は豪勢な大名行列を行えなかった**。町中以外では少人数で進み、道中は野宿で済ませるなどして費用を抑える藩は多かった。庶民は一部親藩以外の行列には土下座する必要もないなど、現代人が思っているほど厳しいルールがあるわけではなかった。

**豪華な大名行列の裏側**

諸大名に江戸出仕を課した参勤交代は、徳川幕府の数ある政策のなかでも特に有名である。これにより、諸大名は幕府に奉公する名目で領国と江戸を1年交代で行き来することを義務づけられた。なぜ幕府はそんなことを義務づけたのか？　以前は諸大名の経済力を削いで幕府を超える力を持たせないためだった、と説明されることが多かったが、その説はもう古い。
参勤交代は、豊臣秀吉が諸大名の妻子を人質として集めた政策が原型である（織田信長も似たような政策を行ったことがあるという）。徳川家康は秀吉に倣《なら》い、大名の妻子を江戸に移住させることにした。この時点では、家康は大名自身を江戸まで出仕させたわけではない。しかし、大名のなかには恭順の意を示すために自ら江戸へ参府する者もいた。これに追随して領国と江戸を行き来する大名が増えたのだ。徳川家光の時代に制度として参勤交代は明文化されるが、これは慣習を後追いしたに過ぎない。**目的は諸大名を恭順させることで、結果的に諸藩の経済が弱体化することになったのである。**

また、各藩が大名行列で威信を示そうとしたことは事実だが、いかんせん経済的な余裕がない。前田家や島津家のように、一度に何千人もの家臣団を投入して大行列を作った大名はいた。だが大半の大名は慢性的な財政不足で余裕がなく、大行列をつくることは難しかった。一説には、一度の大名行列で年間支出の2割から4割が消えたといわれている。江戸に近い関東周辺の大名にいたっては半年に一回の参勤交代が義務付けられていたので、その負担は莫大だった。そこで**面子を保ちつつも最小限の費用で済むよう、各藩は工夫を巡らせていた**のである。

備品を借り物で済ませたり、宿には泊まらず廃寺や野宿で寝泊まりしたり、時には人件費節約のため必要最低限度の人数で出発することすらあった。1日数十キロもの距離を進んで旅費を節約す

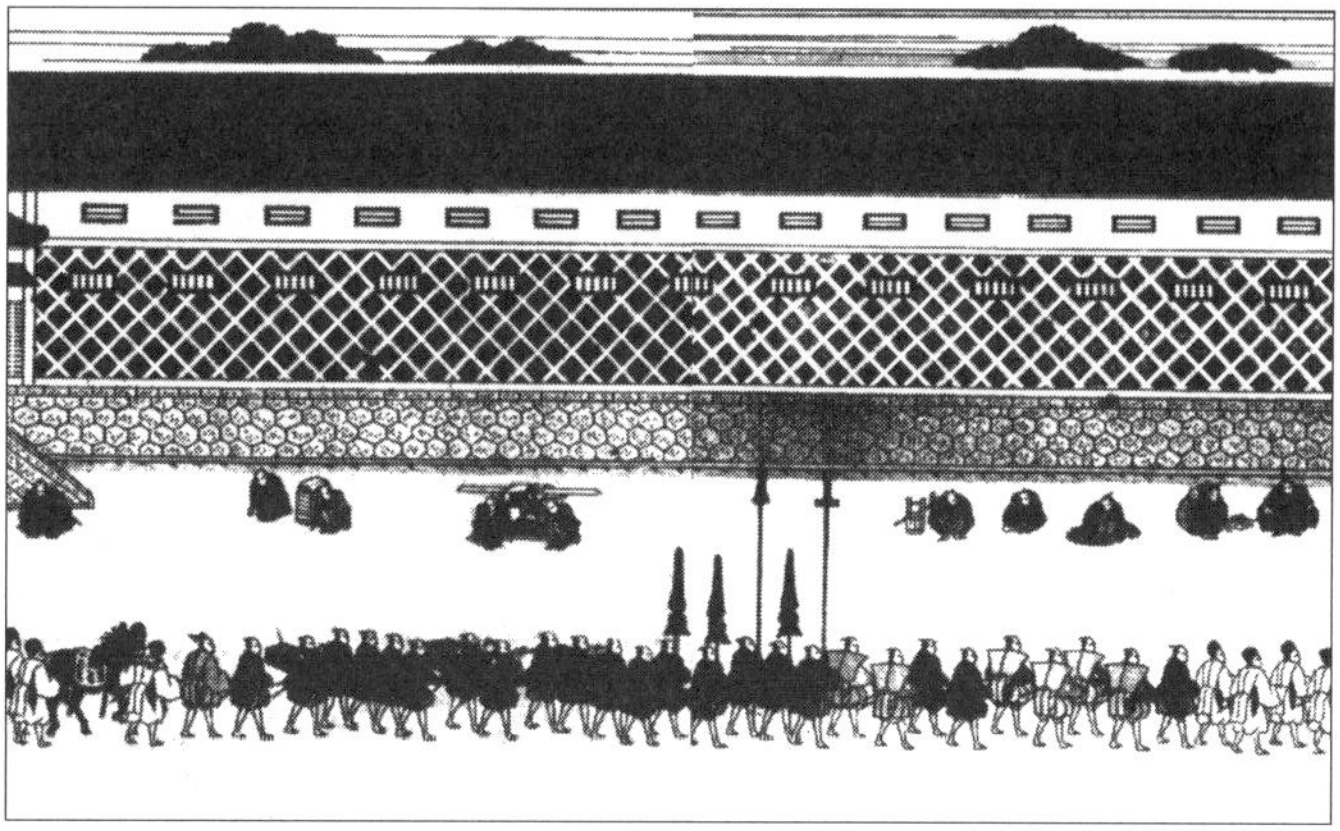

庶民は土下座ではなく、膝をつく程度でよかった（『徳川盛世録』国会図書館所蔵）

ることさえ珍しくなかった。もちろん、少人数のままでは藩が軽んじられるので、町や村に近づくと、日雇い人を集めて人数を水増しし、粛々と進んでいたという。面子と節約を両立させようとする、涙ぐましい努力である。

こうした行列に遭遇する民衆の反応も、一般的なイメージとは異なっていた。

映画やドラマでは大名行列を前に庶民が土下座で平伏するシーンが描かれるが、こんな見送り方はまず行われなかった。

徳川家の一族である親藩を除けば、**大半の大名行列は膝をつく程度で見送ればよかったし、屋内での見物も許可されていた**。実際、金沢市立玉川図書館が所蔵する「大名行列図」には観覧席から見守る見物人の姿が描かれ、各藩のデータが書かれたガイド本も出るほど身近なものだった。江戸庶民にとって大名行列は重々しいものではなく、いわば娯楽の一種でもあったのだ。

# 36

# 武士は無礼打ちの特権を自由に使ったというのはウソ

**通説**

江戸時代の武士は、無礼を働いた庶民を斬り捨てる権利を与えられていた。いわゆる「無礼打《ぶれいう》ち」で、切り捨て御免とも言われた。人の命を奪うという、現代では考えられないことが許されるほど、武士は特権的な階級だったのである。

「護持院原の敵討」を描いた図。強盗に殺された父の無念を晴らすため、子どもたちは幕府に切り捨て御免の許可を得て父の敵討ちを果たした（『天保雑記』国立公文書館所蔵）

**真相**

**武士が無礼打ちを実行することは、非常に稀だった。**

実行したとしても相手が逃げたり反撃したりして、失敗することが多々あった。また、ルールを守らなければ武士に対する無礼があったとは認められず、逆に武士側が罰せられるケースすらあった。

## 武士が庶民を斬れる条件

現代の日本では、政治家に暴言を発した程度で命を取られるようなことは、まずない。しかし、江戸時代において武士に無礼を働けば、命を落とす危険があった。武士には無礼者を斬り殺す権利、いわゆる無礼打ちがあったからだ。

　無礼打ちは、幕府が認めた公的な権利である。身分社会を維持するためには、特権階級である武士が庶民に舐められるわけにはいかない。そのため、無礼打ちが許されたと考えられる。実際、戦国の気風が残る江戸時代前期から中期にかけては、武士に斬り殺される庶民は多かった。8代吉宗の時代には「公《く》事《じ》方《かた》御《お》定書《さだめがき》」で明文化され、下級武士の足軽にもこの権利が認められた。

武士に対する無礼とは何か。暴言や暴行はもちろん、特別な理由もなく大名行列を横切る者や、武士の前で馬上や高所から降りない者、体や刀に触れる者などが、無礼打ちの対象となった。幕末に島津家の大名行列を馬上で見物した英国人一行が切り殺されたのも、英国人の振る舞いが、武士に対する無礼だとみなされたからだった。

面子を守るために殺人が許されたと思うと恐ろしいが、**江戸時代中期以降になると、無礼打ちの数は減った**ようだ。戦乱のない平和な時期が続いたことで、残酷な私刑が敬遠されるようになったのである。そんな世相だったから、仮に無礼を働いても、素直に謝罪すれば許されることが増えていた。殺害にまで至ったのは、注意を無視して暴言を吐き続けるなど、悪質な場合が多かったようだ。

そして無礼者を斬るとしても、守るべきルールがあった。時代劇なら、武士が町人を手打ちにすれば刀の血を拭って立ち去る展開となる。だが、実際にそんなことをすれば、ただではすまない。**武士には斬り捨てた相手の無礼を証明する義務があり、怠れば罰せられることになっていた**のだ。

無礼打ちをすれば、武士はその場から離れることができない。幕府や藩に届け出を持たせた使者を送り、役人がくるまで現場にいなければならないのだ。そうして役人の取り調べを受けて相手に無礼

幕末に起きた生麦事件の事件現場。英国人が馬上から降りずに島津久光の行列を見物したとして、薩摩藩士に斬り殺された

があったと認定されると、初めて無礼打ちが成立する。

では、届け出の内容に不備があったり役人に報告しないまま現場を立ち去るとどうなるのか？　鳥取藩士の中野佐十郎の場合は、届け出の不備で処罰された。中野は寛政３（１７９１）、口論になった町人を斬り殺している。一度目は逃げられたが、１カ月後に父の協力で身元を突き止め、殺害したのだ。殺害後、中野自身は藩に届けを出したが、父親の助太刀を事前に連絡しなかった。これにより、佐十郎は家督相続の差し止めを命じられた。同じく鳥取藩の仙谷彦四郎も無礼者を切り捨てたが、届け出もせず現場を立ち去ったことで、昼間の外出を禁ずる「遠慮」の刑を言い渡された。これらはまだいい方で、**無礼を証明できなければただの殺人者と裁かれ、斬首となる恐れもあった**。人を斬る以上、武士にとってもかなりリスクの高い行為であったのである。

## 37

# 武士が藩校で教育を受けたというのはウソ

**通説**

江戸時代の武士は、各藩に設置された「藩校」で勉学を学んでいた。藩校には剣術・馬術の道場が併設され、藩によっては医学部や天文台も置かれていた。こうした高度な教育体制によって、武士階級からは文武両道の人材が次々と輩出されたのである。

水戸藩の藩校弘道館

## 真相

藩校が設置されたのは江戸時代の中期からで、それまでの教育は各家庭に任されていた。中等・高等教育機関として扱われたので通学義務はなく、**勉学を拒否する武士は後を絶たなかった**ことがわかっている。

### 大きかった武士の教育格差

武士の本分は何か。それは「文武両道」に励むことである。そのため武術や勉学も長けた逸材を育成するため、諸藩には優れた教育機関があった。それが藩校である。

藩校では、学問はもちろん、道場で剣術や武術の稽古をつけられ、文武両道の武士を育成する場となっていた。教育方針は藩によって違いがあり、個性的な教育をしたところも少なくない。徳川御三家の一角を担う水戸藩の「弘道館」には医学部や天文台まであり、自由な気風を重んじた庄内藩の「致道館《ちどうかん》」には、講堂内で現役の役人が裁判や会議を行うこともあったという。幕府にも寛政9年（1797）に「昌平坂学問所」が直営の学校として置かれ、優秀な人材であれば下級武士の子どもでも入学できた。

しかし、江戸時代の武士が皆藩校で学んだと考えるのは、誤解である。藩校が全国で設立されるようになったのは、江戸時代も中期に差し掛かった頃。最も早くに開かれた岡山藩の「花畠教場《はなばたけきょうじょう》（岡山藩学校）」の設立は寛永18年（1641）だが、弘道館創立は天保12年（1841）、致道館も文久2（1805）と案外遅い。他の藩校ができたのも、おおむね1800年代以降だ。幕府成立から200年近くは多くの藩に藩校がなかったわけで、武士が皆藩校で学んだ、とは言い難い。

それに藩校が設置された藩であっても、**藩士は通学を義務付けられたわけではなかった**。藩校は現代の中等・高等教育機関にあたる施設で、通学は各家庭の判断に任せられていたのである。

江戸時代の武士教育は、各家庭に委ねられていた。有力家臣の子息であれば家庭教師をつけることもできたが、一般的には父親や親戚が読み書きを教えていた。そこからさらに勉学をしたい者だけが、私塾や藩校に通ったのである。江戸時代では、こういった**自主的な教育が主流**だった。もちろん、藩校のなかった江戸でも初等教育をするのは家庭の役目であった。

しかし、家庭任せということは、子どもの教養が各家庭の収入や親・当人のやる気に左右されやすいことになる。親が教育熱心で裕福なら高度な教育を受けられるが、教育意識が低かったり、貧

庄内藩の藩校致道館の表御門。7代藩主酒井忠徳が藩政改革のひとつとして創建した

しく勉学に費やす余裕がなければ、それも叶わない。当初は身分制限を設ける藩校が少なくなかったこともあり、下級武士の子は高等教育を受けられないこともあった。

その結果として問題となったのが、**武士の知的格差**である。藩校教育によって優れた人材が輩出された一方、教育機会に恵まれなかった子どもは学がなく、武士身分でありながら字を読めない者が少なくなかった。蘭学医の娘で自身も学者だった只野真葛《ただのまくず》は、仙台藩に嫁いだときに見た武士の様子を、「小藩なる人々は文盲多し（藩には文字を読めない武士が多い）」「どの若殿を見ても是が成人したらよいばかだろうと思様な児斗有（将来はバカ殿になるような若殿ばかりだ）」と自著で嘆いている。諸藩に限らず幕府においても、沼津兵学校の頭取監督・江原素六《えばらそろく》のような、字が読めない幕臣もいた。文武両道が尊ばれていたとはいえ、教育環境の違いなどにより、武士の知的格差は相当に大きかったのである。

# 38

# 苗字帯刀は武士だけの特権だったというのはウソ

**通説**

江戸時代において、苗字を名乗れるのは武士だけの特権だった。町人農民を名前以外で区別する際には、出身地や職場の名称が用いられた。同様に刀を持つ権利も支配層の武士のみに限定された。こうした「苗字帯刀」の権利が廃止されたのは、廃刀令と民衆の苗字使用が許された明治時代になってからである。

京の風景を描いた屏風絵の一部。中央には刀を振りまわす者が描かれている（「洛中洛外図屏風」部分／メトロポリタン美術館所蔵）

**真相**

帯刀は太刀以上の刀を持つ権利であり、**小刀や脇差なら庶民も所持を許された**。帯刀の権利は褒美代わりに与えられることも多く、武家社会に対する貢献の度合いで、苗字帯刀の許可を得た町人もかなりいたのだ。

### 武士以外の苗字帯刀事情

苗字の歴史は古く、古代に氏族内での区別を付けるために使用されたことが始まりだとされている。その後、権力者だけでなく庶民も使用が許されていて、戦国時代にも苗字のある農民は多かった。

刀の所持も戦国時代までは防犯対策として黙認されていたが、これらを取り上げたのが豊臣秀吉と徳川家康だ。秀吉は刀狩りと身分の固定を規定した「人掃《ひとばらい》令《れい》」で農民から帯刀権を奪うと、家康もこれらの政策を踏襲。苗字帯刀を武士のみの特権に位置付けたのである。正確には公家も苗字を使っていたが、庶民が名乗れなくなったことは変わりない。ただし、制度上は苗字帯刀が禁止されたものの、実際にはそれほど厳格に運用されていなかったと考えられている。

まず、幕府が禁じたのは、「公式の場や書類で苗字を使う」ことである。つまり、武士以外が苗字を持つこと自体は禁止していなかった。そのため、**私的な場では苗字を使う農民や町人は多かった**。それに禁令自体は享保元年（１８０１）の発布と江戸時代も後期になってからで、制度としては新しいものだった。

また帯刀とは長刀と脇差の二本を差すことであって、刀剣類の所持自体が認められなかったのではない。そのため庶民のなかにも、小型の脇差を持つ者が普通にいた。

そして裕福な商人・豪農のなかには、**堂々と苗字帯刀の権利を得た者も少なくなかった**。江戸時代で町人身分が苗字帯刀を許される方法は三つある。まずは幕府に対して多大な貢献をすること。玉川上水をつくった庄右衛門と清右衛門はその典型例だ。ふたりは、上水開削に大きく貢献したとして、玉川の苗字と帯刀の権利を与えられている。このほかにも、年貢を数年分も前納した場合や個人的な功績を残したときにも許可されることもあった。ただ、小さな貢献だと大半は一代限りであった。

もうひとつは、武家奉公人の用人・給人になることだ。武家の重職に当たるこれら上級の武家奉

玉川上水を開削して江戸の水道インフラ整備に貢献した玉川兄弟の銅像。功績として幕府から玉川姓と200石を賜った

公人には、能力さえあれば町人や農民でも雇われることもあった。これらの役職は武士の家来として、勤めの間だけは苗字帯刀が許可されたのである。

そして最後の手段は、なんと金で買うことだ。江戸時代中期になると、急激な物価上昇で旗本や大名家家臣も貧困であえいでいた。借金で火の車となる重臣も少なくない。**そうした上級武士による借金返済手段のひとつが、苗字帯刀許可の乱発だった。**

実は苗字帯刀を与える権利は、幕府だけではなく知行所（領地）を持つ上級武士にもあった。そうした武士のなかには生活苦のあまり、領地内の豪商・豪農に借金の帳消しや上納金と引き換えに苗字と帯刀の権利を与える事例が続発していた。苗字帯刀の禁令が発せられたのも、このような事態が頻繁に起きていたからだ。

本音と建て前を使い分ける江戸時代。苗字帯刀もまた、あまり強固な禁止令ではなかったのである。

# 39

# 江戸では定職につかなくても無理なく暮らせたというのはウソ

**通説**

江戸は、低賃金の非正規雇用者であっても無理なく暮らせる都市だった。健康な体がひとつあれば仕事に困ることはないし、長屋の住人間で助け合うことで、宵越しの金を持たずとも、安心して暮らすことができた。月に10日ほど働けば十分生活できたといわれるほど、生活環境はおおらかだった。

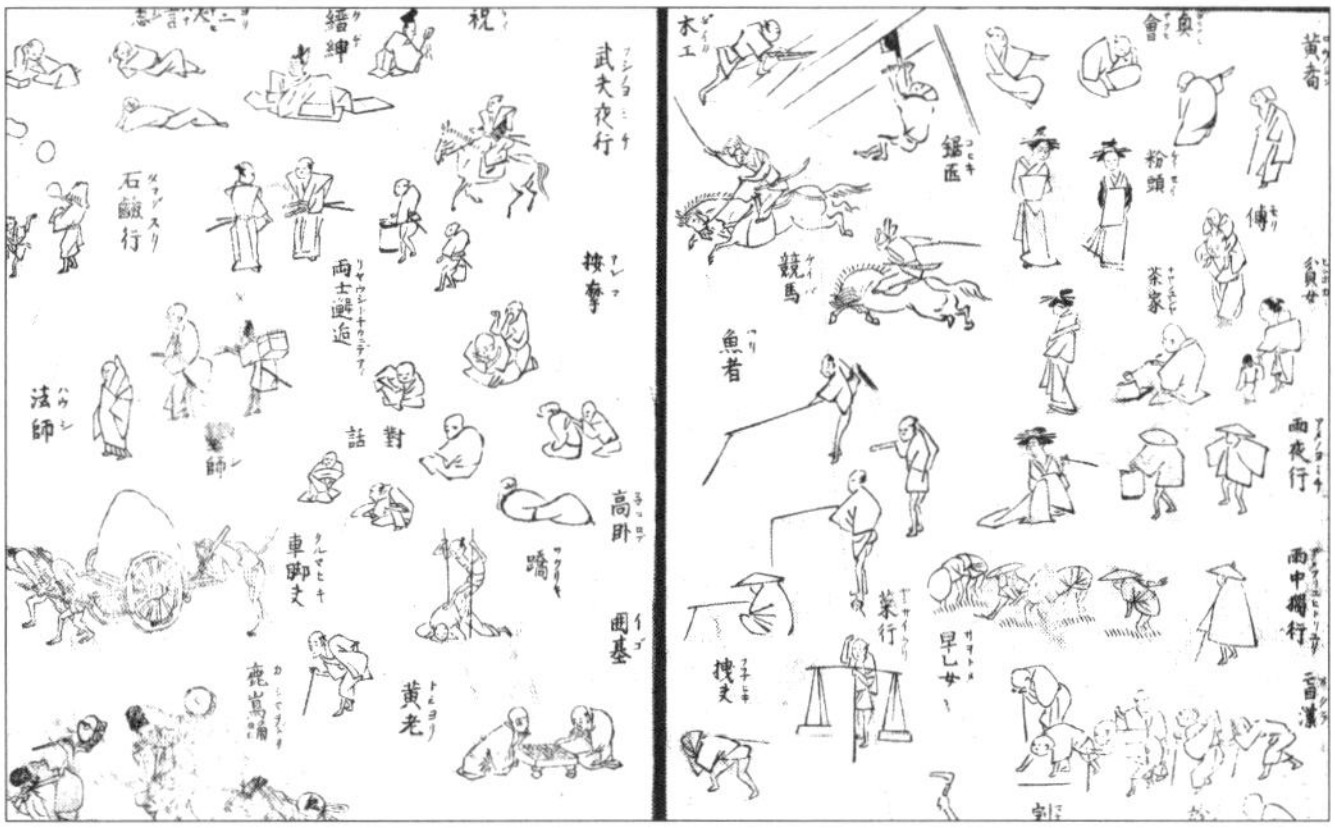

江戸の人々の暮らしや職業を描いた絵（『諸職画譜』国会図書館所蔵）

## 真相

江戸の庶民は望んで非正規雇用に就いたというより、**その日暮らしをせざるをえないだけ**だった。日銭で生活できたとはいえ、住環境や社会保障が秀でていたとは言い難い。

## 弱者に厳しい江戸の生活

時代劇では、江戸は明るく朗らかで人情あふれる都市として描かれることが多い。治安はよく、庶民は貧しいながらも物価が安かったために食うに困ることはない。人々は気ままな生活を謳歌し、長屋は人情が溢れている。そのようなイメージを抱いてる人はいないだろうか。実は、こうした評判には大きな誤りがある。残念ながら、江戸の生活はそんなに甘くはなかった。

そもそも、元も子もないことをいえば、江戸時代と現在の雇用形態は大きく異なるため、どちらが豊かなのか、単純には比較できない。江戸の町人は12歳までに商人や職人のもとで奉公人・徒弟として住み込みで働くのが普通で、仕事とプライベートの区別は曖昧だ。自分で仕事を選ぶというより、農家が口減らしのため、働きに出された子どもは多かったようだ。正規・非正規の区分はないし、一部の富裕層を除けば、生活は苦しいものだった。

江戸後期の随筆『文政年間漫録』によると、江戸の花形といわれた大工の場合、1日に4～8時間働いて得る賃金は平均5匁《もんめ》4分（約1万3000円）、年収は1貫587匁（約400万円）ほどだった。これに対して年間支出は、3人家族で平均1貫514匁（約378万円）だったとされているので、金銭的な余裕は意外と少ない。

ただ、これでも江戸庶民の収入としてはいい方だ。江戸で最も多かったとされる棒手振《ぼてふり》（行商人）では、野菜売を例に出すと600文（約1万5000円）の銭で朝から青物を仕入れ、夕暮れまで働いて得る稼ぎは300文（約9000円）ほど。**家族の食費などを差し引けば、残るのは200文（約5000円）がせいぜい**であった。また金が入っても、独身の男性単身者が多い江戸には、数多くの娯楽があり、そこに使い込む者は多かった。そうした低所得層のために、「百一文《ひゃくいちもん》」や「烏金《からすがね》」といった低利息の貸金業が流行ったほどだ。行商すらできない日雇いや奉公人なら、裏長屋に暮らしながらその日暮しをせざるを得なかった。

長屋での助け合いはあったものの、貧しいのは隣近所も同じである。重い病に倒れれば、見殺し

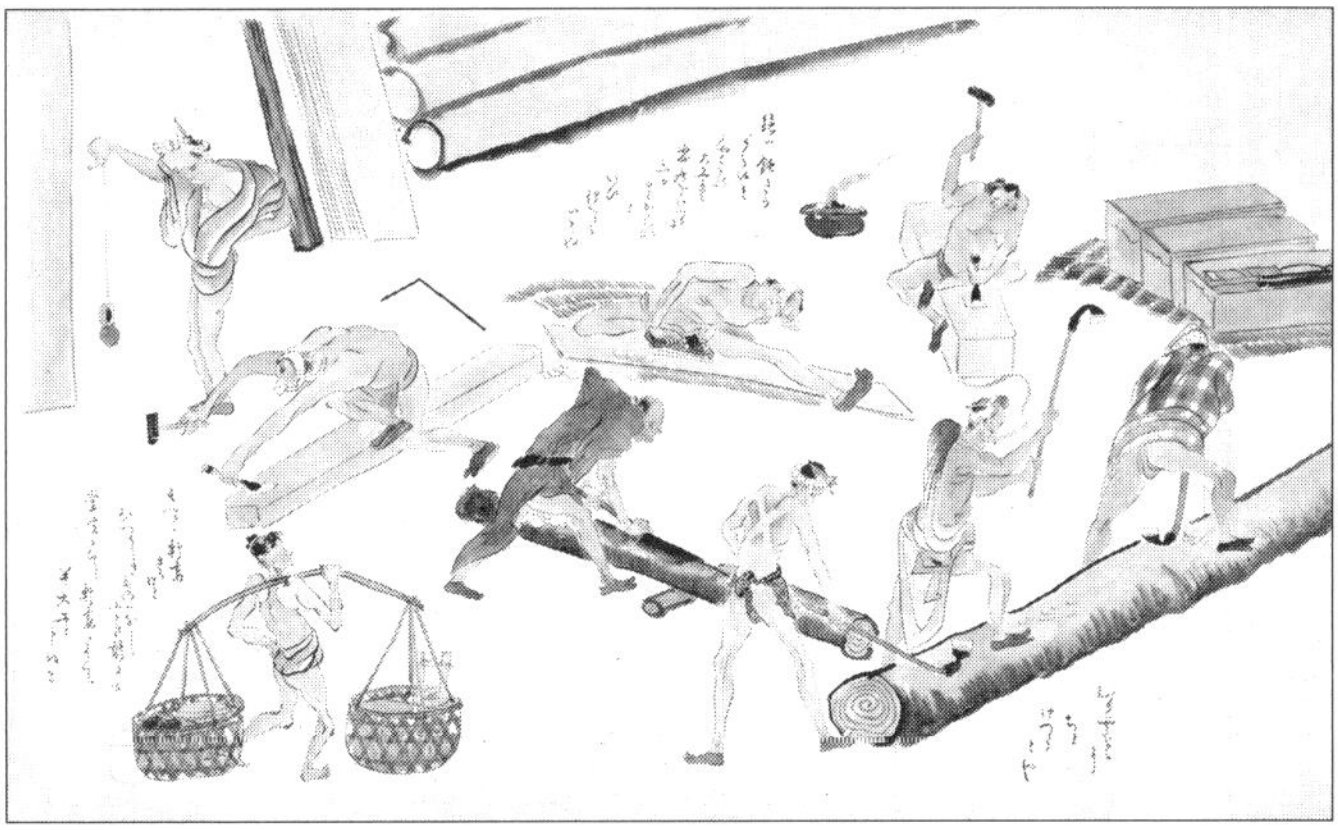

江戸の花形職業だった大工（『職人尽絵詞』国会図書館所蔵）

にされる病人も珍しくはなかった。人情では、命までは救えないのである。

そして、現代との最大の違いは、セーフティーネットがなかったことである。浮浪者を収容する「御救《おすくい》小屋《ごや》」や幕府・富裕層による施しはあったが、貧民層全体を救済できるほどの規模ではなかった。健康な身なら低収入でも仕事はあったが、病気や老化で働けなくなったら、生活はたちいかなくなった。親孝行が奨励されたのも、子に頼らなければ老後を生きられない厳しい現実があったからだ。

それに貧しかったのは、町人だけではない。**むしろ町人よりも下級武士たちの困窮のほうがひどかった。**

武士の俸給は年給で、昇給はない。十分な収入があれば生活できるが、下級武士は内職や借金をしなければ生活できなかった。そのため生活費を稼ごうと、武士身分を売り出す者も珍しくなかった。人情あふれる江戸であっても、楽に生活できるほど甘い世界ではなかったようだ。

# 40
# 農民は土地を売ることができなかったというのはウソ

通説

江戸時代、幕府や各藩の財政は年貢によって成り立っていた。だからこそ、米を栽培する農民が身分を変えたり村から逃げ出したりすることを、為政者は警戒。米の供給量を確保するため、農民による土地の私有化・保有・売買を禁止し、定めを破った者には厳しい罰を下した。

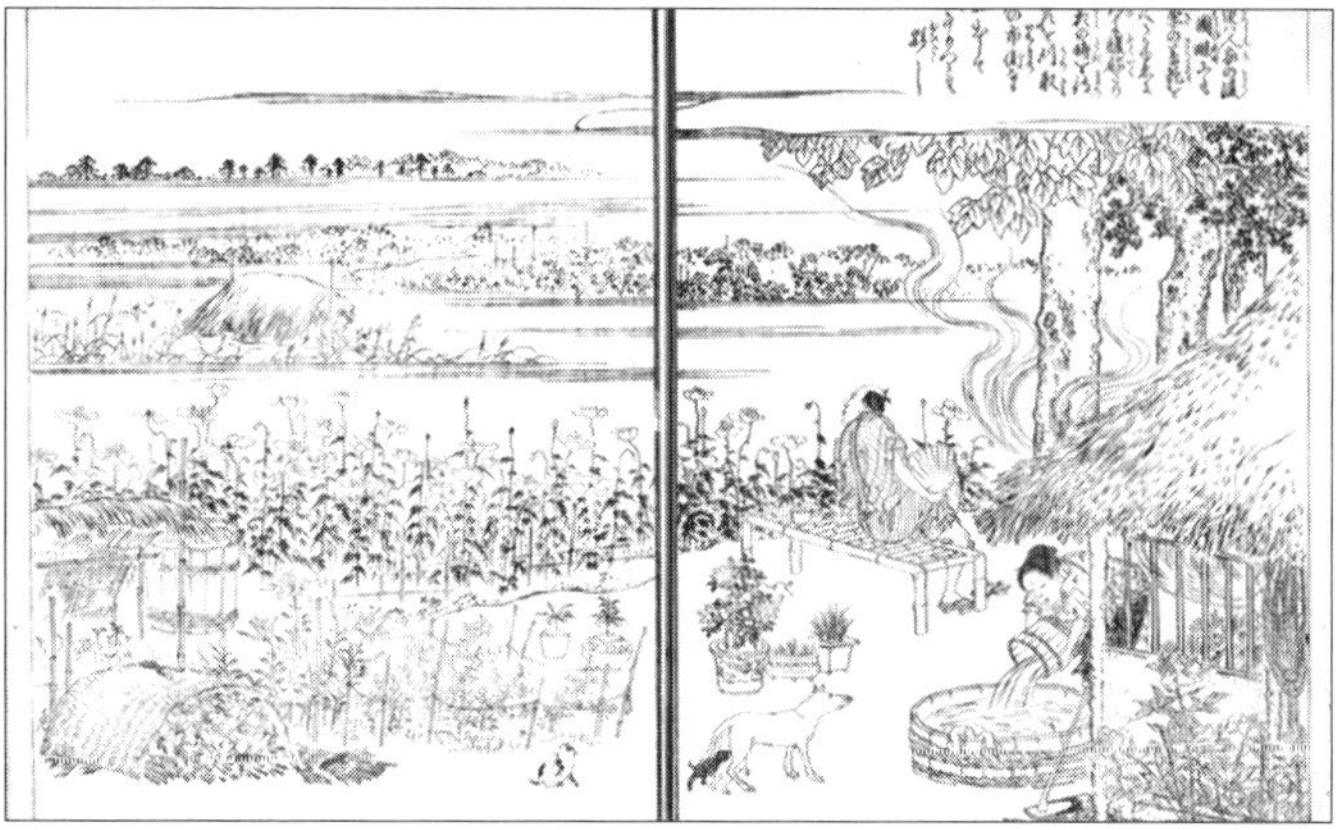

花の名所として知られた葛西。江戸出荷用の草花を栽培している。幕府は木綿などの商品作物栽培を禁じたが、諸藩から反発を受けると黙認するようになった（『江戸名所図会』）

**真相**

江戸時代初期の法律によって土地の売買は禁じられていたが、厳しく取り締まられたわけではなかった。**「質入《しちいれ》」という名目で所有権を移すことはできたし、売買行為が発覚しても、さほど重い罪には問われなかった。**

**有名無実の田畑永代売買禁止令**

江戸時代の日本は、「封建制度」の社会だった。領民は代々、田畑を耕して耕作する権利を持ったが、土地の所有は認められない。これが封建制度下の領民の基本である。しかし、実は江戸時代の農民にも土地の所有権があり、売買も広く行われていたという説もある。

そもそも、豊臣秀吉によって「太閤検地」が行われた際、農民は土地所有権を保証されていた。これは江戸時代にも引き継がれており、実際、不作のときなどは土地の売却や質入で現金を調達することもあった。

大飢饉が生じて農民の離村が増加したことで「田畑永代売買禁止令《でんぱたえいたいばいばいきんしれい》」が出され、農民は土地の売買を禁止されたが、実はこの禁止令は、幕府直轄領を対象としたものである。**藩によっては、売買を禁止しないところもあった**。

また、禁令によって売却は禁止されたものの、「質入」は認められていた。もし、質入した際の元金を返済しなければ、所有権移動することになる。これを利用すれば、**農民は実質的に土地を売買することが可能**だった。幕府からすれば、完全に売買を禁止すれば困窮した農民が農地を放棄する恐れがあったため、所有権を手放してもその土地で小作人として働くことを可能にしたのである。

なお、享保7年（1722）には「質流し禁令」が施行されたが、これは質入を禁止する法令ではない。小作人の利子を賃金の15％を限度にしたり、小作人が元金を返せば土地を取り戻せるようにする内容だ。小作人救済のための措置だが、村名主が禁令を隠したり、農民が債務を帳消しにする徳政令だと勘違いしたために各地は混乱。結局、発令翌年に撤回された。

もちろん、質入ではなく土地を売買すれば、当然ながら処罰の対象となった。ただ、その罰則は次第に緩くなっていた。永代売買禁止令では、売主は牢舎のうえ追放、買主は過怠牢《かたいろう》（一定期間の入牢）の上、買い取った田畑は取り上げと定められている。しかし実際は、牢に入れられても20日程度で釈放されたり、追放を免れたり、土地が取り上げられなかったりする例が多い。

価格の不安定な米に代わって畿内を中心に商品作物である菜種の栽培が活発化した。図は搾油機で菜種から油を搾り取って製油している様子（『製油録』国立公文書館所蔵）

延享《えんきょう》3年（1746）には刑罰がより軽くなり、売主は過料、買主は購入した土地の取り上げで済むようになった。実際、備中国《びっちゅうのくに》（岡山県）のあるケースでは売主に下された刑罰が過料3貫文（約6万円）、出羽国（山形・秋田県）のあるケースでは売主に過料3貫文、買主は買い取った土地を取り上げられただけで済んだ。

しかも、裁判になったのは民事訴訟があって表ざたになったものだけで、幕府の役人が進んで摘発したわけではない。18世紀後半の勘定奉行は「揉め事や訴えがあれば仕方なく処罰する」と明言しているぐらいで、**農地の売買は幕府側も黙認していた**ようだ。

その後も、田畑永代売買禁止令は明治5年（1872）まで存続した。有名無実の法令だが、そんな法令が存続したのは、神君家康の孫、3代家光の肝入りだったからだろう。歴代将軍や役人からしても、廃止したくてもできなかったというのが本音かもしれない。

幕末に日本へやってきた外国人画家が描いた市中の人々。浅草のように、見世物小屋や芸人が多い地域では上記のような光景が見られたと考えられる（エメェ・アンベール『幕末日本図絵』部分）

第五章

# 文化にまつわるウソ

## 41
# 江戸時代は鉄砲の生産量が少なかったというのはウソ

**通説**

戦国時代の日本は世界屈指の鉄砲保有国だったが、江戸時代になると、鉄砲は無用の長物となった。刀剣は武士の象徴となったが、戦争の道具である鉄砲は、平和な江戸時代には不必要だとして生産量が激減した。5代綱吉の「鉄砲改め」で単純所持も規制され、鉄砲の生産地である堺も衰退してしまう。鉄砲の価値が見直されるのは、外国の脅威が迫った幕末に入ってからだった。

堺における鉄砲の製造を描いた書物（「和泉名所図会」国会図書館所蔵）

### 真相

武士層は軍役用の鉄砲を常備しており、**幕府の鉄砲規制はそれほど徹底されなかった**。農村部でも狩猟用の鉄砲が大量に保有されており、堺は江戸時代を通じて鉄砲生産が盛んだった。戦国時代だけでなく江戸時代の日本も、銃社会だったのである。

## 江戸時代の鉄砲事情

鉄砲は、戦国時代にポルトガル人が種子島に持ち込んだとされている。最近では大陸経由説など異論もあるが、どのような経路で伝わったにしろ、鉄砲によって日本の戦争様式が一変したことは事実である。

しかし一般的には、鉄砲は戦乱の終結とともに役割を終え、江戸時代には無用の長物になったと思われているのではないだろうか。確かに、幕府は銃の保持を規制する法令を出しており、おおっぴらに銃を所持することはできなくなったように思える。

だが、２０１９年にこうしたイメージを覆す発見があった。堺の鉄砲鍛冶・井上関右衛門の屋敷にあった史料を堺市と関西大学の研究者が調べたところ、**江戸時代にもかなりの量の鉄砲が生産されていたことがわかった**のだ。

記録は19世紀半ばのもので、天保10年（１８３９）の生産数は２８０丁。注文した武家の数を記す箇所もあり、天保13年（１８４２）で全国２３２家が井上家から鉄砲を注文していた。おそらく堺全体でも、かなりの数の鉄砲が生産されていたと考えられる。まだ調査は途中の段階だが、江戸時代の鉄砲産業が停滞したという見方に一石を投じる発見だった。

そもそも、江戸時代に多数の鉄砲が存在したことは、研究者の間では周知の事実だった。幕府や諸藩が課した軍役には鉄砲衆が組み込まれていたし、大坂城には1万丁以上が備蓄されたことがわかっている。

また、農民たちが鉄砲を取り上げられたというのも、全くの誤解である。綱吉が発布した鉄砲改め令は、禁止令ではなく実態を把握し、所持を規制することが目的だった。江戸周辺では銃の没収に力が入れられたが、それ以外の地域では規制は緩く、**「鉄砲改帳《てっぽうあらためちょう》」に登録さえすれば農民でも鉄砲所持は可能だった**。

綱吉の全国調査によると、仙台藩で約４０００丁、尾張藩約３０８０丁、長州藩約４００丁、紀

大量の古文書が見つかった堺の鉄砲鍛冶の屋敷。江戸時代でもかなりの鉄砲が生産されていたことがわかった（朝日新聞社提供）

州藩ではなんと約８０００丁もの保有が確認された。これらはすべて民間の保有数で、**一説には武士の所持数よりも多かったといわれるほど**だ。

農村部における主な用途は、狩猟である。田畑を荒らす害獣に対抗するために、「威《おど》し鉄砲」として使うことが多かった。趣味でハンティングをする農民もおり、銃はかなり身近なものだったことが窺える。

綱吉の時代は登録制が保たれたが、死後は制度が形骸化し、鉄砲を隠し持つ農民は多くなった。他人に無許可で譲る事件が続発して幕府を悩ませることもあったが、一斉摘発を幾度行っても、同様の事件は起き続けた。天保９年（１８３８）から３年間も続いた調査で１６６６丁の隠鉄砲が押収されたが、それすら違法銃器のほんの一部でしかなかったという。

それでも、銃による事件が少ないのは、注目に値することである。

# 42

# 江戸全域は上水道が整備されていたというのはウソ

**通説**

江戸の町には、優れた上水道網が広がっていた。天正18年（１５９０）の神田上水完成を始まりとして、幕府は元禄年間までに六つの水道を整備。これによって江戸の市民は常に新鮮な水を得ることができるようになった。大都市を丸ごと覆う水道網は画期的なものであり、江戸が当時最先端の都市だった何よりの証拠でもあった。

井戸替えの様子。旧暦7月7日になると江戸の人々は井戸の掃除を行い、底にたまったゴミをとり除いた（『日本風俗図絵』国会図書館所蔵）

## 真相

**江戸の六水道は8代吉宗の時代にほとんどが廃止されており、町に水が行き渡っていたのは、江戸時代の初期だけ**だった。水不足に陥る地区も少なくはなく、井戸水も常飲には適していなかったので、下町には水の販売屋がそこかしこにいた。

### 水不足に悩んだ水の都江戸

家康が江戸の開発を進めるうえですぐに直面した問題。それが生活用水をいかに確保するかだった。湿地帯で海に近い江戸では、淡水の確保が難しく、井戸を掘削しても海水混じりの水しか出なかった。

住人の生活用水を得るには外部から水を引き込むしかない。そこで徳川家康が着手したのが、上水道の整備であった。近隣河川や湖の水を「木樋《もくひ》」という木製パイプで江戸まで引き込み、そこから「竹樋《たけひ》」で各地の井戸に流す仕組みで、当時としては画期的だった。

この水道網は、徳川家家臣・大久保忠行の主導で整備されていった。天正18年（1590）には井の頭池を水源とする上水道が完成。この上水道が、日本橋方面に給水する「神田上水」の基礎となった。さらに承応《じょうおう》3（1654）には、人口増加に対応するため、新たな上水道ができた。江戸市中の西南部に水を送る「玉川上水」である。その後、「亀有上水」「青山上水」「三田上水」「千川上水」がつくられたことで、新市街を含む江戸全域に水を送るシステムは構築された。こうした水道網を「江戸の六水道」と呼び、「水道の水を産湯にした」と江戸市民は自慢したという。

だが実のところ、江戸全域に水が供給された時期は非常に短かった。享保7年（1722）、徳川吉宗の命令で、**神田と玉川を除いた四水道は廃止された**のだ。

廃止が強行されたのは、新田開発を進めるための農業用水に回したからだとされる。水源地の水量減少や維持費も問題だった。また儒学者・室鳩巣《むろきゅうそう》による「江戸で火事が頻発する原因は水道網が地表の水を奪って乾燥するからだ」というよくわからない意見が影響しているという説もある。おそらく、こうした複数の要因を加味して、吉宗は水道網の一部廃止を決定したのだろう。

ただ理由はどうあれ、水を奪われた市民にとってはたまったものではなかった。一度に四つの水道がなくなったことで、江戸では水不足が深刻化。神田・玉川上水の恩恵を受けられる江戸城周辺はあまり問題がなかったが、他の地域では生活用水の確保にも苦労したという。こうした水問題が

神田上水の水源である井の頭池（左／歌川広重「名所江戸百景　井の頭の池弁天の社」）と現在の新宿御苑近くにある玉川上水（右／歌川広重「名所江戸百景　玉川堤の花」）

ある程度解消したのは、1790年代までに関西から深井戸の製造技術が伝わってからだった。

しかし、新たに深井戸を掘るには高額な費用がかかるため、井戸は大量にはつくられず、できたとしても、汲み上げた水が塩辛くて常飲に適さない場所もあった。

そのため**裏長屋の住人は、「水売り（水屋）」から飲料用の水を買うことが多かった**。水売りは、神田・玉川上水の上流から汲んだ水を桶に入れて、そのまま天秤棒で担いで契約先の家や長屋まで運んだ。江戸市外には、深川まで水船を使っていた。

販売料金は桶二つ分で4文前後（約100円）と非常に安く、購入した水は各家庭の水がめで保存されていた。井戸水を洗濯や掃除、炊事には水屋の水と使い分けて生活した庶民も多くいたようだ。決していいとは言えない環境でも、江戸の庶民は知恵をもって乗り越えていたのである。

# 43

# 江戸の街は治安がよかったというのはウソ

**通説**

江戸町奉行所が少ない人員で江戸を守ることができたのは、単純に治安がよかったからである。長屋暮らしの町人たちは近所との距離が近く、いい意味で人の目が行き届きやすかった。事件が起きても市民の間で犯人を説得して改心させるなど、人情味のある社会のおかげで、江戸は少人数でも治安を維持することができたのである。

捕縛の図。中央の役人は打ち込みという捕縛道具を用いている（『徳川刑事図譜』明治大学博物館所蔵）

**真相**

平和なイメージのある江戸でも、通り魔のような路上犯罪が頻繁に起こっていた。犯罪を取り締まるはずの岡っ引き・下っ引きは、横暴な態度をとって庶民を困らせるばかり。軽犯罪は頻繁に隠蔽されるようになり、本当の意味で治安がいいとは言えなかった。

## 江戸の治安と事件の隠蔽体質

江戸のイメージを聞かれれば、平和で明るい人情の町だと答える人は少なくないだろう。世の中には人情が溢れ、犯罪は少なく、人々は心豊かに生活を楽しんでいた。そのようなイメージはあながち間違ってるとはいえないが、事実と異なっているところもある。

実は江戸は、治安面で問題があった。路上犯罪は少なくなかったと考えられているし、賭場や裏長屋の一部はスラム化することが多々あった。取り締まる側の岡っ引き・下っ引きに頼ろうにも、不正を働いて逆に庶民の生活を脅かすこともあった。大きな争いこそ少なかったものの、江戸の治安がよかったとは言い難いのである。

前述したとおり町奉行所の人員は少なかったが、それに加えて質が低いという問題も抱えていた。与力は世襲で、部下の同心は代が移ると役を解かれたものの、よほどの無能でなければ再採用された。仕事が保証されていることからやる気のない役人は多く、その下につく岡っ引きは、庶民へのゆすりやたかりを繰り返す者が多かった。そのせいで、幕府から岡っ引き禁止令が出たほどである。

そんな状態だったから、当然江戸の犯罪行為は防ぎきれなかった。**路上のスリや窃盗が社会問題となり、通り魔事件も幾度も起きていた**ほどだ。なかには泥酔して4人に重軽傷を負わせた武士や、人を突きたいという理由で通り魔事件を繰り返し、14人を槍で殺傷した武家奉公もいた。この奉公人は打ち首獄門となったが、処刑当日に模倣犯が現れ、翌年までに22カ所で通り魔が発生している。

もうひとつ、治安面に関して大きな問題がある。**江戸では事件の隠蔽が横行し、それに庶民も協力していた**のである。

前述の泥酔した武士は捕縛されると番屋に連行されたが、なんと奉行所には引き渡されず示談で

江戸時代の斬刑を描いた図。10両以上盗んだ者やけんかのすえ相手を殺した場合は死罪の対象となった（『徳川刑事図譜』明治大学博物館所蔵）

済んでいる。捕縛した町人の協力がなければ、こうした処置は不可能である。軽犯罪、特に男女の密通はもみ消されることが珍しくなかった。

庶民が軽犯罪を見逃したのはなぜか？　もちろん、人情のためではない。**費用や人員の負担が大きかった**からだ。番屋に置かれた捕縛者は、奉行所に連行するまで町が世話をする必要があり、関係者は裁判で出頭する義務も負わされた。そうした負担を嫌がったので、死人が出なければ示談で済ませることが多かったのだ。

さらに、江戸時代の刑罰が重すぎることも、軽犯罪の隠蔽に影響していた。当時は十両盗めば死刑といわれるほどの厳罰主義で、軽犯罪者に対する処罰も非常に厳しかった。そこで不憫に思った被害者側が、被害を過少に申告することさえあったのだ。十両盗まれたところを九両と偽って申告するという、現代では考え難い出来事も起こっていたようだ。

44

# 江戸の人々は人情深かったというのはウソ

**通説**

人間関係が希薄化した現代社会とは異なり、江戸時代は人情にあふれた社会だった。長屋暮らしの貧しい生活のなかでも互いに助け合い、病気になったら看病しあう。そんな相互扶助の精神が、江戸の町人には根付いていたのだ。

女性の身売りを描いた場面。父親の借金清算のため、遊廓に売られた。孤児となった娘が遊廓に売られることもあったようだ（『敵討時雨友』国会図書館所蔵）

**真相**

長屋の連帯意識は強かったが、**誰もが等しく貧しかったので、病人や怪我人の治療費を出すことは難しかった**。障害があればからかわれたり見せ物にされたりと、誰もが暮らしやすい社会とはいえなかった。

### 人情社会の実情

江戸といえば、義理と人情の街として知られている。人と人との繋がりが薄くなった現代の日本に比べ、江戸の人々は人情味にあふれ、貧しいながらも互いに助け合いながら暮らしていた。こんな風に考える人は少なくないだろう。しかし、残念ながら江戸の生活は、そこまで甘くはなかった。

そもそも、長屋の住人たちが助け合って暮らしたのは、そうせざるを得なかったからである。一日中働いても賃金は安く、現代のような社会保障はほとんどない。もちろん、家事を助ける便利な機器など存在せず、必要最低限の家財道具しか持っていなかった。つまり皆が生活に余裕がなく、相互に援助しあわなければ生きていけなかったのだ。

幸いにも狭い環境に大勢が暮らしていたため、長屋の住民は顔を合わせる機会が多く、人付き合いは濃密だった。しかし、皆が貧しい暮らしをしていたこともあり、援助は限定的だった。高価な薬や治療が必要な大病人や、父母が死んで孤児となった子どもなどは、金銭的・人的負担が大きいことから見捨てることが珍しくなかったのだ。**孤児は長屋で育てることもあったが、金のかかることは全て地主や大家へ丸投げにされ、長屋の住人皆でお金を出し合って育てることはなかった**。事実、曲亭馬琴の随筆『兎園小説拾遺《とえんしょうせつしゅうい》』には、裏長屋の住人が両親を失った娘を女郎屋に売る話が残っている。今日の人権意識に照らせば、不適切な行為だというほかない。

また、障害者との接し方も、現代とは大きく異なっていた。江戸中期にベストセラーとなった『東海道中膝栗毛《とうかいどうちゅうひざくりげ》』は、二人の旅人の珍道中を描いた滑稽本だが、実は障害者が登場する話も多い。塩井川を渡ろうとする視覚障害者の背中におぶさり船代わりとする話や、茶屋で目の見えない客の酒を盗み飲みする話が、笑い話として紹介されている。

現代では差別にあたる行為ばかりだが、そのような価値観が日本に広まるようになったのは、この数十年ほどのことに過ぎない。歴史的に、障害者は仏罰《ぶつばつ》、つまりは前世の悪行の報いを受けた者だと

江戸では浅草などに見世物小屋が並び、人間そっくりの人形などが披露された（歌川国芳「浅草奥山生人形」部分／国会図書館所蔵）

みなされ、社会から疎外されていた。江戸時代には彼らへの悪戯は珍しくはなく、歌舞伎役者の初代中村仲蔵は、自身の回顧録で視覚障害者に灰を振りかけて顔を真っ黒にする悪戯を繰り返したと書き残している。

また、**江戸の街には彼らの障害を見世物にして金を取る施設もあった**。見世物小屋では珍品や芸人が登場したが、障害者が「因果者《いんがもの》」として晒《さら》し者にされることもあった。変装したり作り物を置いたりすることも多かったようだが、障害を持つ人間がいたことも事実である。当人たちからしても、まともな職に就けないことからこうした見世物小屋で働かざるをえない事情があった。西洋でもサーカス団では障害者が見世物にされた歴史があるが、同じようなことが日本でも起こっていたわけだ。

一面的にみれば、江戸は人情社会だったといえるだろう。しかし、多角的にみれば、厳しい現実に苦しむ人々の実態も浮かび上がってくるのである。

## 45

# 三行半は妻を強制的に別れさせる離婚状だったというのはウソ

**通説**

江戸時代は、現代以上の男尊女卑社会だった。女性は財産を持つ権利すらなく、結婚すれば自分の意思で別れることもできない。しかし夫が妻を気に入らなければいつでも家から追い出されるなどの理不尽が許された。２６０年の平和が続いた江戸時代は、女性たちにとっては窮屈な時代でもあったのだ。

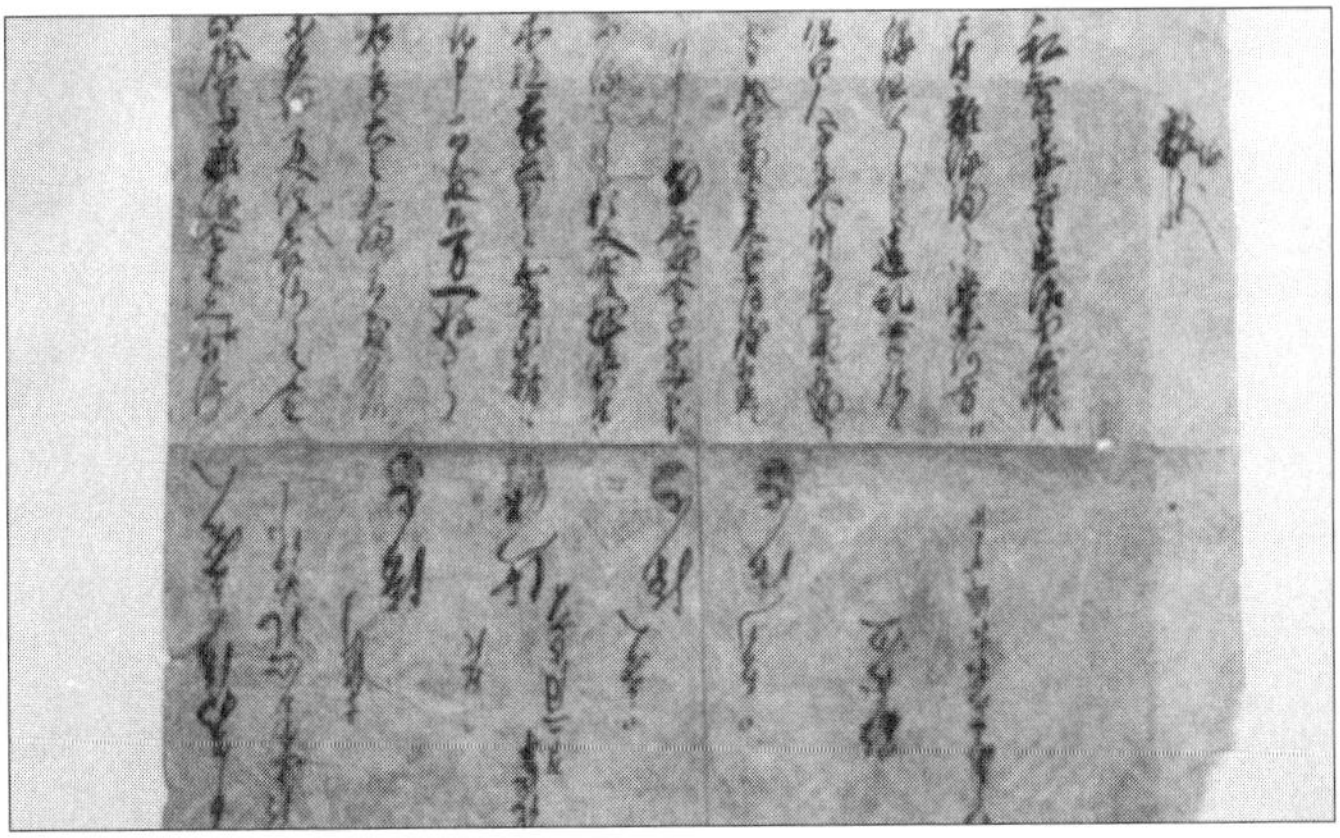

江戸時代後期の離縁状（朝日新聞社提供）

**真相**

江戸時代は男性優位の社会だったが、女性の訴えが無視されたわけではない。離婚しようと思えば、女性の方から離婚する方法はいくつかあった。逆に**妻をむげに追い出せば男の方が実刑にかけられることもあった。**

### 強かった江戸時代の女性たち

「江戸時代は男尊女卑だった」という評価に、大きな間違いはない。当時の女性は裏方に徹することが美徳とされ、家の外で働くことなど考えられない時代だった。相続人になる権利はなく、結婚は家の都合で勝手に決められるのが当たり前。「家にいては親、嫁いでは夫、老いては子に従うべし」という「三従の教え」すら存在した。

一方、夫は自分の都合で離婚することが許されており、その際には「**三行半**《みくだりはん》」と呼ばれる離縁状が使われた。

ただ、女性の訴えは無視されたわけではない。離婚に関して言えば、女性側にも一定の配慮はされていた。離婚時には夫が妻の持参金や家財道具を返却する義務を負い、子どもの養育権は仲介人を介して協議で決められた。つまり、**不完全ながら現代の離婚調停に似た仕組みが存在した**のだ。

三行半にしても、その実態は夫から妻への一方的な離縁状ではなかった。三行半という名前のとおり、文章は三行と一行半で構成された。前半分には夫の都合で離婚することが書かれていたが、注目するべきは後半部分。これが、**妻の再婚を認める一文**なのである。こうした記述があるのは三行半が、夫が妻の再婚に口出ししない、という意味が込められているからだ。夫が離婚の際、三行半を出すことが義務付けられていたのも、妻の再婚を保証するためである。もし、三行半なしで妻を追い出せば、夫は町から追放される「所払いの刑」に処されたのだ。

また、妻から離婚を要求する方法もなかったわけでもない。幕府の法では、夫の持参金の使い込みや家財の無断売却が判明したとき、舅からの要求という形であれば、離婚請求を認めていた。夫が1年ほど行方不明となった場合も、妻の要求で婚姻を解消することは許された。それに駆け込んだ既婚女性の離婚を助ける「縁切寺」も、離婚手段のひとつだった。

ただ、夫の不手際が判明しなければ、妻からの離婚は認められなかった。それに妻側からの離婚が成立した場合、妻は慰謝料を払うか持参金を放棄するのが通例だった。縁切寺にしても、離婚が成立するまで最長1年も寺中生活を強いられ、離婚成立前に寺から脱走しようものなら、強制的に

裏長屋で暮らす女性たち。男余りの江戸では、女性は離縁しても新しい嫁ぎ先を見つけやすかった（「絵本時世粧」国会図書館所蔵）

断髪されて身ぐるみを剥がされ、戸籍が消された状態で放り出されることもあった。女性側からの離婚請求は、男性と比較してかなり厳しかったのだ。

しかし、そんな状況でも知恵の回る女性はいるもので、さまざまな方法で夫に三行半を書かせて負担を減らしていた。結婚前から事前に用意させたり、脅迫や暴力で強要したり、わざと家事を怠けたり、さらにはお金を使いこんで夫を精神的に追い込む女性もいたという。

実は、ここまで女性が強気になれたのにも理由がある。**都市部、特に江戸は男性が圧倒的に多かったことから女性が再婚先に困ることはなく、二度三度と離婚を経験した女性は珍しくなかった**。江戸の男たちもそれはわかっていて、妻に逃げられないよう家事や育児を積極的に手伝う夫はかなりいたようだ。苦しくとも声を上げられない女性がいる一方、妻に気兼ねする気の弱い夫も、江戸の街にはいたのである。

# 46

# 町人が武士に対して無抵抗だったというのはウソ

**通説**

江戸時代を通じて、庶民が武士に正面から抵抗することは、かなり難しかった。庶民からすれば、たとえ武士から因縁をつけられても、やり返すことは許されない。富裕層ならいざしらず、一般的な町人は、武士からどんな乱暴をされても、耐えるしかなかったのである。こうした身分制度が明治時代まで維持された。

町奴の有力者・幡随院長兵衛。幡随院ら町奴と旗本奴の対立は歌舞伎の題材になり、庶民の間で人気を博した

## 真相

戦国の気風が残る江戸時代初期には、武士相手でも物怖じしない荒っぽい町人たちがおり、「**町奴**《まちやっこ》」という自警グループをつくっていた。この町奴は「**旗本奴**」という不良武士のグループと対立し、**一般人に危害を加えるほどの過激な衝突を繰り返していた**のだ。

### 旗本組織と争っていた町人組織

江戸の身分社会において、武士は町人よりも立場が上である。しかし、絶対的なものではなかった。豪商が金の力で大名を手玉に取ったように、町人身分でも武士に対抗する者はいた。それは富裕層に限った話だろうと思うかもしれないが、実は、江戸時代初期には、公然と武士に反発した町人たちがいた。それが、若者で構成された町奴である。

江戸時代初期は戦国の余韻が色濃く残っており、武芸をたしなむ町人も多かった。腕に自信のある若者は徒党を組み、派手な格好で喧嘩や辻切りをすることもあった。それが町奴だ。現れたのは1640年代で、弱者に手を出さないことを信条にしていたというが、実態は、博打や喧嘩に明け暮れた不良集団である。そんな不良集団が目の敵にしたのが、武士の不良グループ「旗本奴」だ。

大規模な戦乱がなくなったことで武士が活躍の場を失うと、狼藉を働いて治安を乱す者が出るようになり、社会問題となっていた。そんな世相へ敏感に反応した若い旗本たちの集団が、旗本奴だ。世の中に反発した若い旗本とその奉公人は徒党を組み、喧嘩や奇行に明け暮れた。これらは「白柄組」や「六方組」という名で活動したが、旗本たちの集団ということで、いつしか旗本奴と呼ばれるようになった。

武士と町人とで身分は異なるものの、町奴と旗本奴がやっていることは同じである。両者は必然的に対立。**祭りや芝居小屋などで顔を合わせれば喧嘩をするのは当たり前**だった。

当初は強さを誇示するためのパフォーマンスで、深刻な対立はなかったともいわれる。しかし、対立を深刻化させる大事件が起きた。旗本奴によって、町奴の有力者・幡随院長兵衛《ばんずいいんちょうべえ》が殺害されたのだ。

長兵衛殺しの犯人は、旗本奴である大小神祇組の首領・水野十郎左衛門である。原因は痴情のもつれだったようだ。水野と長兵衛が宴会をしていたとき、若衆で一番の美少年が水野に酒を注いだ

町奴の有力者・幡随院長兵衛（左）。旗本奴と対立し、命を落としてしまう（「極付幡随長兵衛」都立中央図書館特別文庫室所蔵）

ことに長兵衛が嫉妬し、「俺を差し置いて水野に盃を差すとは汚らしい」と罵った。これに水野は激怒し、二次会だと偽り長兵衛を屋敷に誘き出し、風呂場で殺害したようだ。

　仲間を殺されて激怒した町奴たちは、旗本奴への報復を幾度も行った。これが一般人を巻き込むほどに過激化し、**幕府が取り締まりの強化を命じるほど、治安が悪化**してしまった。当初は町奴のみを捕縛していたが、１６６０年頃より旗本奴の処分も始まった。不良とはいえ武士を大量に罰することに幕府もためらったようだが、そうも言っていられなくなったのだろう。

　こうした幕府の摘発で、双方は大打撃を受けた。水野が寛文４年（１６６４）に切腹すると、組は事実上壊滅。不良町人と不良武士の争いは終結した。町人は武士に無抵抗なイメージが根強いが、不良町人が武士に対抗した時代があったことは、紛れもない事実である。

# 47

# 武士が武芸の鍛錬を重んじたというのはウソ

**通説**

武士は文武両道を奨励されたが、より重んじられたのは剣術の方であった。幼い頃から鍛錬に励み、成人後も道場で腕を磨く日々。なかには武術の腕が秀でていれば、学問は不要だと断ずる者もいたほどだ。武術奨励の精神のおかげで武士は、武のエキスパートであり続けた。そうした武士たちの行動理念とされていたのが、武士道だった。

江戸城における弓射儀式の様子（楊洲周延「千代田之御表　御射場始」部分／国会図書館所蔵）

**真相**

武士道の理念が完成したのは明治時代以降で、**江戸時代の武士が重んじたのは、儒教に基づく為政者のための道徳**である。剣術に励む者もいたが、戦乱がなくなって武士がサラリーマン化したことにより、馬に乗ることすら危うい者も激増していた。

**戦わなくなった武士の現実**

武士道の理念を胸に常に鍛錬を怠らず、主君のために力を振るう武と忠義の存在。江戸時代の武士はそのようなイメージで語られることがある。戦国時代までは戦うことが武士の使命であり、江戸時代初期にもその価値観は残っていた。武家諸法度の第一条に「文武弓馬の道、専ら相嗜むべき事」と記されているように、幕府や諸藩は武力で国を統治することを旨としていたのだ。

しかし、実のところ武士が「武人」だったのは、江戸時代の最初期までの話である。元禄年間の直前には、武士の多くが剣術を軽んじるようになっていた。より正確に言えば、戦国の気風が時代を経て一掃されたことで、戦闘技術としての剣術がもはや求められなくなっていたのだ。

法秩序を重視する5代綱吉の時代になると、武力はさほど重要ではなくなった。武家諸法度第一条は「文武忠孝を励し礼儀を正すべき事」と努力目標に改変され、剣技弓術を尊ぶ価値観は、急激に変化していった。出世の役に立たない武は軽んじられ、俸禄（給与）と内職で生活するという、武士のサラリーマン化が加速。**江戸時代中期には武芸が下手な武士も珍しくなくなっていた**のである。

8代吉宗の時代になると、武術の技量低下は深刻な域に達していた。吉宗が小姓組の馬術を見物したときには、技術が未熟で危険な乗り方をする者ばかり。吉宗が馬術の稽古に励むよう叱るほどのレベルだった。

この6年後に小金原（千葉県松戸市）で鹿狩りをしたときには、子どものように弱々しい走り方をする者が付き従ったようだ。なんと草鞋《わらじ》をうまく履くことさえできず、なかには戦に赴くように家族と別れの盃を交わしてきた者までいたらしい。その惰弱ぶりから、滑稽本の「古朽木《ふるくちき》」に「最近の侍は籠に乗るので馬術で落馬しなければ御の字よ」とからかわれるほどだった。

幕末直前には剣術ブームが起きたが、これは竹刀と防具を使ったスポーツ剣術である。当然実戦向きではない。幕末に活躍した剣豪はこうした道場ではなく、ほとんどが実戦剣術を学んだ庶民や

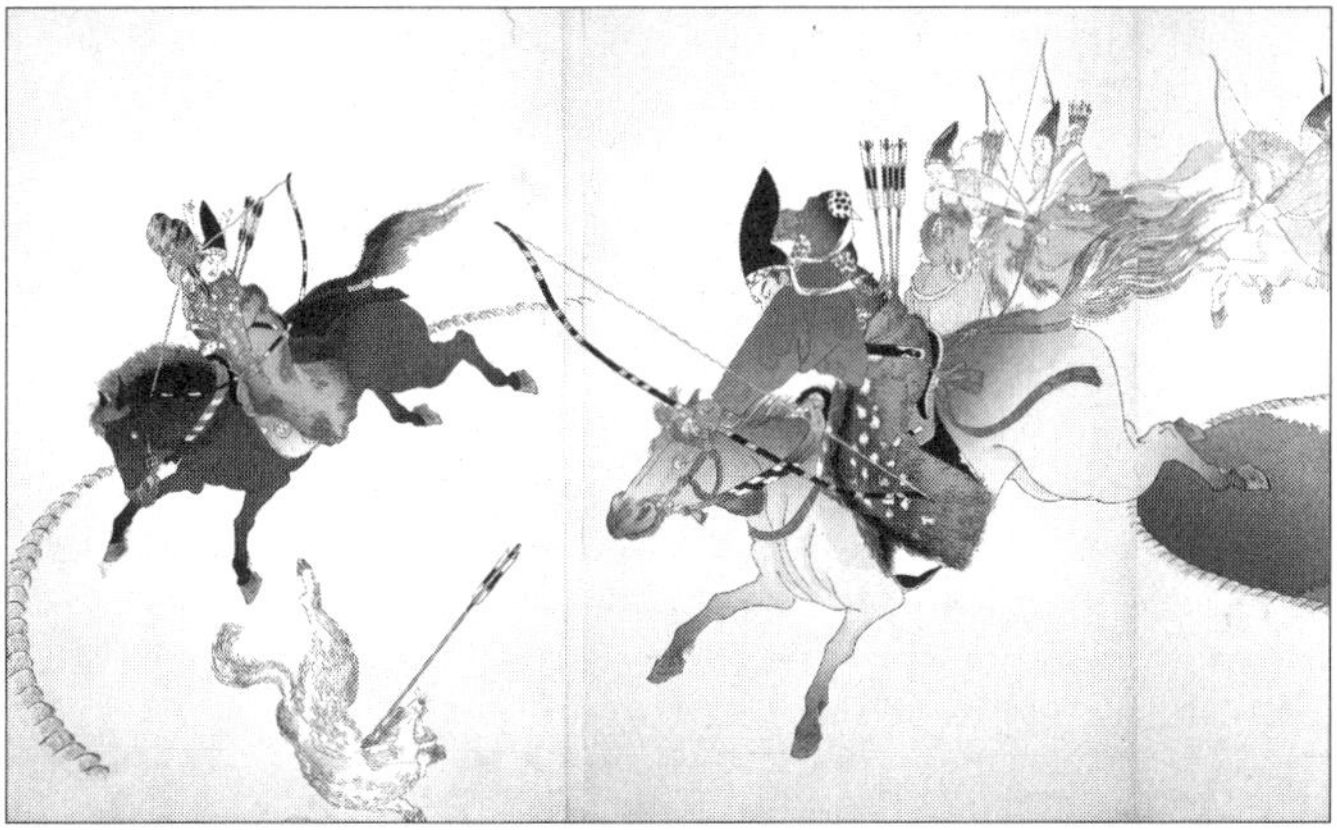

武家の武芸・犬追物の図。乗馬は武士の基本技術だったが、時代が平和になると馬に乗れない武士も増えた（楊洲周延「千代田之御表　犬追物」部分／国会図書館所蔵）

農民同然の下級武士だった。

なお、武士の理念だと思われることのある武士道も、実は江戸時代に存在しなかった。**武士道の概念が完成したのは、なんと大正時代に入ってから**である。佐賀藩に武士の心構えを筆録した『葉隠《はがくれ》』という書物はあったが、藩の要職だけが目を通すことが可能で、存在が世に知られたのは明治になってからだった。

武士が実際に重んじたのは、儒教に基づく為政者のための道徳である。武士は主人に忠を尽くし、義を尊び、民の上に立つ者としての道義を守らなければならない。こうした道徳は武士社会で一般的な心得となっており、「士道」と呼ばれることもあった。武人としての在り方ではなく、為政者の倫理観を説いたものだが、そうした価値観が尊ばれたのも、江戸時代の武士が戦うことではなく、社会秩序を守ることに存在意義を見出したからだと言えるだろう。

# 48

# 江戸時代に肉食はタブーだったというのはウソ

**通説**

殺生を忌避する仏教の影響で、日本は長く、肉食がタブー視されてきた。江戸時代の元禄期においても、5代綱吉が「生類憐《しょうるいあわれ》みの令」を発布し、動物の殺生と肉食を禁じた。この影響もあって江戸庶民の食生活は肉食離れが進み、米と水産物による食事が中心となったのである。

幕末に日本へやってきた外国人画家が描いた光景。「やまくじら」は猪肉の隠語（エメェ・アンベール『幕末日本図絵』）

## 真相

表向きは肉食が禁止されていたものの、**江戸庶民はあの手この手で肉を食べることを楽しんだ。**鹿肉を「モミジ」、馬肉を「サクラ」と隠語で呼び、肉ではなく薬という体で食した。将軍や大名たちも同じで、牛肉は献上品として大人気だった。

### 獣の肉ではなく「養生の薬」

日本人が肉食をタブー視したのは、仏教の「殺生《せっしょう》戒《かい》」と神道の「穢《けが》れ」の影響だと考えられる。日本最古の肉食禁止令が発令されたのは675年、天武天皇の時代までさかのぼる。

その後も長い歴史のなか、肉食禁止令や殺生禁止令は何度も発布された。豊臣秀吉も「牛馬を売買して殺して食事に用いてはいけない。これを犯す者は厳科に処するとしているし、江戸時代には2代秀忠が「牛馬を殺すことは禁じられている。自然死した牛馬を売るのも禁止である」と定めた。さらに5代綱吉の時代には、有名な「生類憐みの令」によって肉食やむやみな殺生が禁止されている。

しかし、肉食禁止は表向きの話である。肉食がタブー視されていたものの、**獣肉は江戸市中でも「ももんじ屋」があり、病弱者に力をつけるという名目で、堂々と営業していたのだ。売られていた**。さらに江戸近郊へ行けば、イノシシやシカ、ウサギなどの獣肉を売る

こうした建前は、肉の呼び名を「符丁《ふちょう》」という隠語に言い換える習慣を生んだ。花札に「シカに紅葉」の柄があったことから、鹿肉は「モミジ」と呼ばれ、猪肉は色や盛り付けた形が似ていることから「ボタン」、もしくは山にいる鯨の意味で、「やまくじら」と呼ばれた。そう呼ぶことで「自分たちが食べているのは肉ではない」と言い逃れたのである。

歌川広重の「名所江戸百景」のひとつである「びくにはし雪中」には、堂々と「山くじら」と看板を掲げている店が描かれているが、これは尾張屋という有名なももんじ屋である。「健康になれる」と謳い、イノシシやシカだけでなく、クマやサルの肉まであったという。

江戸後期の国学者・小山田与清《おやまだともきよ》は大の肉食反対論者で、彼の随筆『松屋筆記』には、「肉食が江戸の町に穢れを充満させ、火災を引き起こしている」といった内容が記されている。小山田は肉食を忌避しているが、庶民の生活にはかなり浸透していたことが伺える。

歌川広重が描いたももんじ屋（左／「名所江戸百景 びくにはし雪中」)。江戸では軍鶏料理も人気で、坂本龍馬（右）も暗殺当日に軍鶏鍋を食べようとしていた

では、庶民の間で人気を集めた肉は何か。もっともポピュラーだったのは、鳥肉だ。江戸時代にはハト、カモ、カリ、キジ、スズメ、さらにはツルやハクチョウまで食されていた。ニワトリの肉もあったが、現在のように本格的に浸透するのは、明治時代になってからである。

将軍家や大名にいたっては、肉食を避けるどころかおおいに楽しんでいた。なんと**彦根藩の場合、牛肉の味噌漬けをご養生用の薬「反本丸《へんぽんがん》」として、将軍に毎年献上していた**。この反本丸は評判になり、各地の藩からも所望されていたという。

肉食が公に解禁されたのは、明治5年（1872）1月26日。明治時代に入り、明治天皇が初めて肉を食したことがきっかけである。ただし一般的に肉食解禁を国民が知ることになったのは、その1カ月後。『新聞雑誌』で「天皇は肉食を禁じる理由がないと思って宮内で肉を食べることを定めた」と報道されてからである。

# 49

# 江戸時代は寿命が短く長寿が少なかったというのはウソ

**通説**

江戸時代は戦乱こそなかったものの、現在と比べれば人の一生は短かった。平均死亡年齢は32歳から44歳と、現在の半分ほどの水準である。農村地域の貧困、そして数度起こった大飢饉により、庶民は慢性的に栄養不足に陥っていた。現在と比べれば医療が未発達だったこともあり、感染症が流行すれば被害は広範囲に拡大してしまう。こうした要因が重なったことで、平均寿命は50年に満たないレベルになったのである。

江戸時代に描かれた老人の錦絵。赤子の死亡率は高かったが、成人すると80代まで長生きする人もいた（「田家茶話六老之図」国会図書館所蔵）

**真相**

江戸時代の平均寿命が短かったのは、乳幼児の死亡率の高さが第一にあり、30代から40代で命を落とす人が多かったわけではない。徳川将軍の場合、15人の平均寿命は51歳。**生まれて間もない子どもの死亡率は高かったが、無事に成長できれば、80代まで長生きする人も少なくなかった**のだ。

## 7歳を超えると長生きの希望が生じる

江戸時代は、戦争のない安定した時代だった。寛永15年（1638）に島原の乱が鎮圧されると、その後に大塩平八郎の乱が起こるまで、実に200年間も戦いのない社会が維持された。

しかし、戦いで命を落とす大人が減ったからといって、平均寿命が延びるとは限らない。むしろ、当時は医療技術が未発達で、**抵抗力の低い乳幼児は感染症などに耐えることができず、命を落とすことが多かった**。江戸時代中・後期の農村地域に残っている記録では、2歳になるまでに約2割の子が死亡していたという。

「7歳までは神のうち」という言葉がある。衛生環境が整備されている現代ではピンとこないが、この言葉には、「子どもは7歳になるまで生きられるかわからない」という切実な意味が込められているのだ。10月に行われる「七五三」が始まったのは江戸時代からだが、これは幼い時期に命を落としがちな子どもが、なんとか健やかに成長して7歳を超えてほしい、という親の願いから生まれた行事だった。

こうした乳幼児の高い死亡率は、決して貧しい農村地だけの問題ではなかった。食生活や衛生的に恵まれた生活をしていた将軍家でも、現代の医療水準からすれば乳幼児の命を守れる環境ではなく、生まれた子どもの半分は5歳までに死亡していたという。12代家慶には27人の子どもがいるが、20歳まで生きられたのは家定《いえさだ》のみ。家慶《いえよし》の父親である11代家斉《いえなり》には50人の子がいたが、半数が20歳までに死亡。幼くして将軍になった7代家継《いえつぐ》は、満6歳で命を落とした。

しかし、**危険な乳幼児期さえ過ぎれば、長生きする者も少なくなかった**。すでに大きな戦乱の兆しはなくなり、死の恐怖と隣合わせの生活は終わっていた。人々の健康意識は高まり、漢方や薬草の知識も広がっている。「単に生きるのではなく、健康に楽しく生きたい」と、人々の価値観も変

伊能忠敬（左／千葉県香取市 伊能忠敬記念館所蔵）と葛飾北斎（右）

わっていったのである。

さらに、意外なことに年配者でも生きやすい制度が多く生まれた。**隠居制度**はそのひとつだ。武士は子息に家督を譲り、町人は息子や後継者に財産権利を譲渡。農民は所有する田畑を息子に渡すと、その後はセカンドライフを謳歌する時間にあてられた。第二の人生を楽しもうと新たな趣味やライフワークを極め、長命かつ「生涯現役」で過ごしたシニアも多かったのである。

その最たる例が「大日本沿海輿地全図《だいにほんえんかいよちぜんず》」を完成させた伊能忠敬《いのうただたか》だ。彼が天文学や測量法を学んだのは50歳で隠居してから。そこから地図の作成を始め、見事大事業を達成し、享年73で大往生をしている。そのほかにも芸術家や学者は長命が多く、杉田玄白が85歳、曲亭馬琴が82歳、葛飾北斎に至っては90歳まで生きている。こうした人々からすれば、好きなことに打ち込むことこそ、長生きの秘訣だったのかもしれない。

# 主要参考文献・ウェブサイト


「大江戸歴史百科」河出書房新社編集部編（河出書房新社）
「江戸のひみつ　町と暮らしがわかる本　江戸っ子の生活超入門」江戸歴史研究会著（メイツ出版）
「江戸考証読本（一）（二）」稲垣史生著（KADOKAWA）
「百万都市　江戸の経済」北原進著（KADOKAWA）
「江戸の卵は1個400円！　モノの値段で知る江戸の暮らし」丸田勲著（光文社）
「江戸時代」大石慎三郎著（中央公論新社）
「江戸の備忘録」磯田道史著（文藝春秋）
「本当はブラックな江戸時代」永井義男著（辰巳出版）
「徳川家康　その政治と文化・芸能」笠谷和比古編（宮帯出版社）
「シリーズ日本近世史③天下泰平の時代」高埜利彦著（岩波書店）
「武士の日本史」高橋昌明著（岩波書店）
「江戸のアウトロー　無宿と博徒」阿部昭著（講談社）
「家康研究の最前線　ここまでわかった「東照神君」の実像」平野明夫編（洋泉社）
「宮本武蔵のすべて＜新版＞」岡田一男・加藤寛編（新人物往来社）
「宮本武蔵」大倉隆二著（吉川弘文館）
「江戸の剣豪列伝」河合敦監修（主婦の友社）
「歴代天皇事典」高森明勅監修（PHP研究所）
「徳川将軍と天皇」山本博文著（中央公論新社）
「歴代天皇・皇后総覧」（新人物往来社）
「拷問と処刑の日本史」歴史ミステリー研究会編（双葉社）
「江戸はこうして造られた」鈴木理生著（筑摩書房）
「家康はなぜ江戸を選んだか」岡野友彦著（教育出版）
「元禄人間模様　変動の時代を生きる」竹内誠著（KADOKAWA）
「徳川三百年を支えた豪商の「才覚」」童門冬二著（KADOKAWA）
「徳川十五代を支えた老中・大老の謎」福田智弘著（実業之日本社）

「図説・戦う城の科学」萩原さちこ著（ＳＢクリエイティブ）
「島原の乱　キリシタン信仰と武装蜂起」神田千里著（講談社）
「天草四郎の正体　島原・天草の乱を読みなおす」吉村豊雄著（洋泉社）
「与力・同心・十手捕縄」板津安彦著（新人物往来社）
「江戸の女性―躾・結婚・食事・占い―」陶智子著（新典社）
「三くだり半と縁切寺」高木侃著（講談社）
「鉄砲と日本人」鈴木眞哉著（筑摩書房）
「これが本当の「忠臣蔵」　赤穂浪士討ち入り事件の真相」山本博文著（小学館）
「歴史群像デジタルアーカイブス〈江戸時代〉江戸幕府の転覆を狙った慶安事件の真相」橋場日月著（学研プラス）
「博学ビジュアル版　江戸の庶民のかしこい暮らし術」淡野史良著（河出書房新社）
「武士道考―喧嘩・敵討・無礼討ち―」谷口眞子著（角川学芸出版）
「カラー版　イチから知りたい！家紋と名字」網本光悦著（西東社）
「名字の歴史学」奥富敬之著（講談社）
「物語タイの歴史　微笑みの国の真実」柿崎一郎著（中央公論新社）
「史実　山田長政」江崎惇著（新人物往来社）
「大奥学」山本博文著（新潮社）
「歴史群像デジタルアーカイブス　＜徳川家と江戸時代＞　女たちの権力争い　天英院と月光院大奥での暗闘！」安西篤子著（学研プラス）
「近世の土地私有制」双川喜文著（新地書房）
「殿様の通信簿」磯田道史著（新潮社）
「人口から読む日本の歴史」鬼頭宏著（講談社）
「死因事典」東嶋和子著（講談社）
「忍者の末裔　―江戸城に勤めた伊賀者たち―」高尾善希著（ＫＡＤＯＫＡＷＡ）
「幕末の武家」柴田宵曲編（青蛙房）
産経新聞（https://www.sankei.com/）
一般財団法人住総研（http://www.jusoken.or.jp/）
帝国書院（https://www.teikokushoin.co.jp/）

# 彩図社好評既刊本

## 最新研究でここまでわかった
# 戦国時代 通説のウソ

日本史の謎検証委員会 編

「織田信長は人を信じすぎてよく裏切られた」「関ヶ原の戦いは通説よりも早く終わっていた」「武田家は当主の力が弱かった」など、これまでの研究で変化した戦国時代の新常識を、48の項目を通じて紹介。ドラマや小説の世界とは異なる、戦国時代のリアルな姿が見えてくる一冊。

ISBN978-4-8013-0341-6　B6判　本体880円＋税

カバー・本扉画像：「温故東の花第四篇旧諸侯参勤御入府之図」
（楊洲周延・画／国会図書館所蔵）

最新研究でここまでわかった
江戸時代 通説のウソ

2020年2月20日第1刷

編者　日本史の謎検証委員会
制作　オフィステイクオー
発行人　山田有司
発行所　株式会社彩図社《さいずしゃ》
〒170-0005
東京都豊島区南大塚3-24-4 MTビル
TEL 03-5985-8213　FAX 03-5985-8224
URL：https://www.saiz.co.jp
Twitter：https://twitter.com/saiz_sha
印刷所　シナノ印刷株式会社

ISBN978-4-8013-0429-1　C0021
乱丁・落丁本はお取り替えいたします。